RECHERCHES

SUR

LE RÉGIME ANCIEN

DES EAUX DE LA RIVIÈRE DE SEINE.

RECHERCHES

SUR

LE RÉGIME ANCIEN

DES EAUX DE LA RIVIÈRE DE SEINE

DANS L'ÉTENDUE DU TERRITOIRE

DE LA VILLE DE TROYES,

Pour servir à régler l'usage de ces eaux ;

Par M. DENIEL,

Ingénieur civil.

TROYES,

IMPRIMERIE D'ANNER - ANDRÉ,

Place de l'Hôtel-de-Ville, 5 et 7.

——

1841.

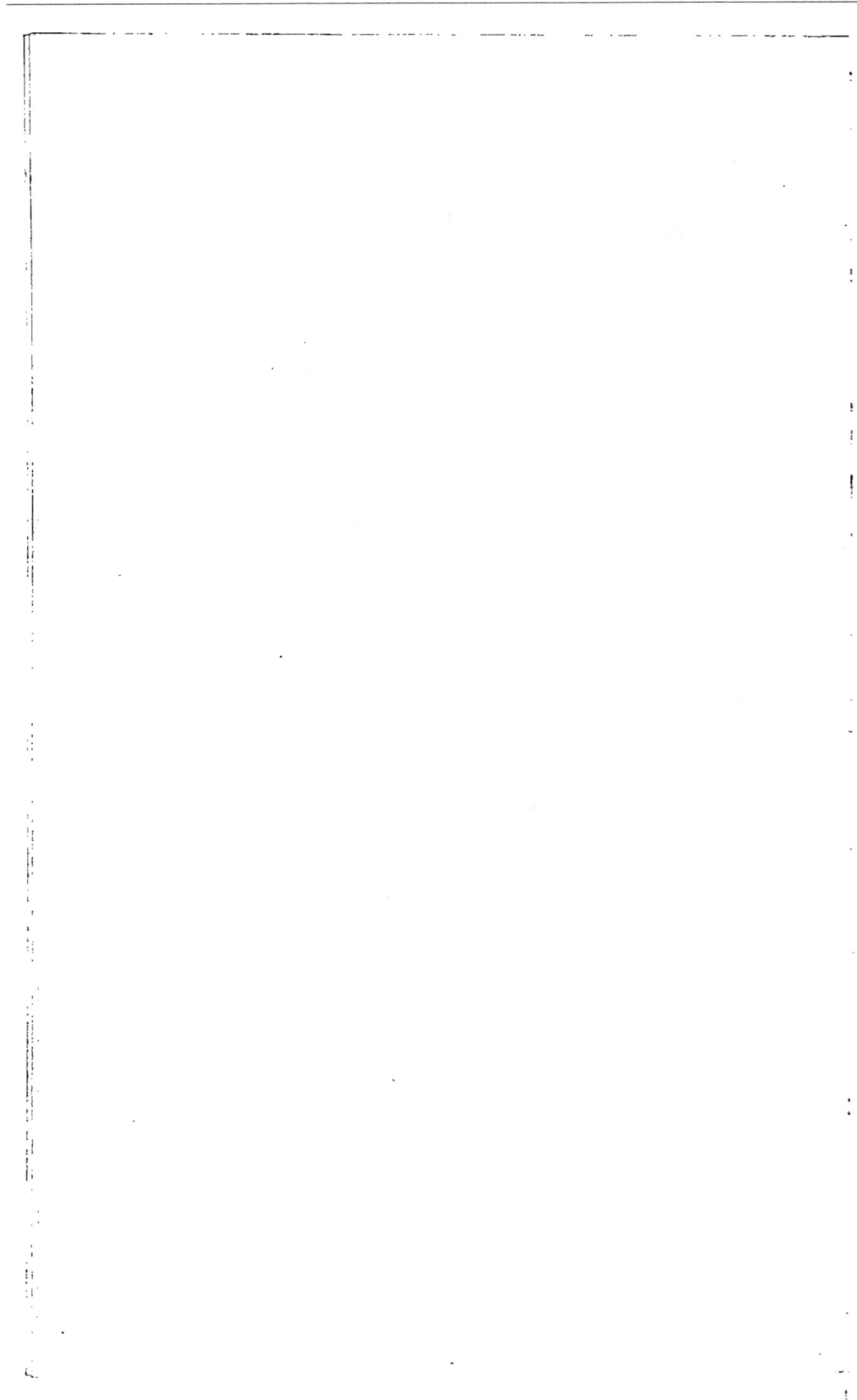

AVERTISSEMENT.

Si l'on espérait trouver dans cette publication un moment de délassement à des travaux sérieux, on se tromperait. Sérieux lui-même, cet opuscule est principalement consacré à l'examen des intérêts matériels du pays et de la question des forces motrices naturelles. Cette question et ces intérêts sont-ils donc si indifférents qu'on ne puisse s'occuper quelques heures à les étudier; ou sont-ils d'une importance si restreinte, qu'ils ne puissent provoquer l'attention que de quelques manufacturiers? Non, et c'est avec une profonde conviction que je le dis, il y a intérêt pour tout le pays; intérêt pour l'administrateur, intérêt pour le fabricant, intérêt pour le commerçant, intérêt pour l'ouvrier lui-même, à bien connaître les ressources que peuvent offrir les agents naturels répandus sur le sol auquel chacun est attaché. Si j'ai pu rendre quelque service en soulevant le voile qui a tenu jusqu'à présent dans l'obscurité une partie intéressante de l'histoire de l'industrie troyenne, entraînés par l'exemple, quelques esprits désireux d'être utiles à leurs concitoyens, entreprendront peut-être spontanément des recherches plus utiles et plus intéressantes que celles que j'ai faites par mission spéciale. Le champ d'exploration est vaste.

Je dois le dire aussi, il y a un intérêt de moralité à reconnaître la valeur des services qui nous viennent de nos prédécesseurs. Il est consolant pour nous de croire que nos arrière-neveux sauront apprécier de même les efforts que nous aurons faits pour leur transmettre des moyens puissants et durables de prospérité. Je dis donc, et je le prouverai plus loin, que la dérivation de la Seine, au-dessus de la ville de Troyes, fut une haute conception d'économie politique. Elle sera dans tous les temps une grande œuvre d'économie industrielle. Cette dérivation a été et sera toujours une cause de bien-être général pour le pays ; et il n'est personne qui n'ait un intérêt immense à ce que l'on tire le meilleur parti des eaux qui y coulent : car la cause de l'ancienne prospérité de la ville est là. Celle de sa prospérité actuelle et future en dépend aussi.

Et qu'on ne dise pas que les temps sont changés ; que ce qui était autrefois un puissant moyen d'action peut aujourd'hui être remplacé par un moyen plus puissant. Habitué depuis plus de dix ans à analyser et à comparer les forces mécaniques, la plume et l'équerre à la main, j'espère être cru quand je dirai que la dérivation de la Seine offrait, avant sa décadence, une puissance motrice qui, pour être aujourd'hui remplacée par les machines à vapeur les plus économiques, coûterait près d'un million de francs de dépense annuelle. Un million de francs ! On criera à l'absurdité, parce qu'il est notoire que jamais on n'en a tiré ce parti, et qu'aujourd'hui encore on est loin d'obtenir ce résultat. Cela est vrai; il est vrai aussi que loin de s'en approcher, on s'en éloigne chaque jour davantage. Mais faut-il, parce que la perfection est difficile à atteindre, en étouffer la connaissance chez ceux qui pourraient faire de nobles efforts pour y arriver ? Faut-il taire la vérité parce qu'elle peut paraître paradoxale aux hommes qui n'auraient pas le courage de l'approfondir ?

On s'agite de tous côtés pour s'opposer au développement d'un mal qui semble s'attacher au progrès matériel, comme pour démentir de brillantes théories. Le paupérisme grandit à côté des systèmes que l'on forge, des utopies que l'on discute. La misère des individus constitue la misère des peuples, et quand on s'aperçoit qu'on s'est fourvoyé, si l'on s'en aperçoit, il est souvent trop tard pour revenir à des principes plus sains de progrès. Le temps que l'on a laissé s'envoler a emporté avec lui les éléments simples dont on disposait, et il devient impossible ou trop coûteux de se les procurer de nouveau.

Et pourtant on ne peut pas dire qu'ici l'homme ait failli à sa mission. Chaque génération ajoute ses efforts aux efforts de la génération qui l'a précédée. Des moyens nouveaux s'unissent aux moyens anciens, et il semblerait qu'en entassant moyens sur moyens, on dût enfin arriver à compléter un système imposant et inaltérable de production, qui pût laisser entrevoir la possibilité d'une vie moins laborieuse pour nos successeurs.

Il n'en est pas ainsi. Plus portés à créer qu'à conserver, nous laissons dépérir entre nos mains des instruments admirables, dons de la nature ou legs de nos aïeux. Il est cependant plus difficile de concevoir et d'étudier de nouveaux travaux, que d'apprécier l'utilité de ceux qui existent, et de les préserver de l'action du temps. Or, conserver, n'est-ce pas aussi combattre la misère?

J'ai parlé de paupérisme; j'ai prononcé le mot de misère! C'est que Troyes, autant qu'aucune autre ville manufacturière, est menacée de ces fléaux. Et cependant Troyes se souvient de jours plus prospères. Ses murs ont renfermé une population double de celle qu'ils contiennent aujourd'hui. Ses industries étaient variées, ses négociants connus en Europe, et ses ouvriers occupés. Que sont devenues ses fabriques de draps, ses nombreuses papeteries, ses importantes tanneries? Pourquoi la filature de coton de Troyes est-elle

obligée de s'en tenir aujourd'hui à son propre mar-
ché où des villes rivales viennent lui faire concurrence? Répondre à l'une de ces questions, ce
serait répondre aux autres. Les mêmes causes amènent les mêmes effets ; et il ne faut pas être doué
d'une longue portée de vue pour reconnaître qu'une
ville manufacturière qui abandonne les ressources
qui lui sont propres, doit tôt ou tard porter la
peine de sa négligence. Mais il ne m'appartient pas
de développer ici les moyens par lesquels se répartit
la richesse ; il ne m'appartient même pas de rechercher si la nouvelle source de fortune que j'indique
sera générale pour la ville, et si, atteignant ce but,
elle ne sera pas un simple déplacement de bien-
être par rapport à une autre localité rivale. Ce
sont là des questions trop étendues et d'une solution trop difficile que quelques esprits d'élite peuvent seuls embrasser. Montrer le bien et inviter
quelques-uns à le faire, fût-ce dans un intérêt particulier, voilà mon but. Si l'on ne perd pas
de vue que l'intérêt général découle de la masse
des intérêts particuliers bien entendus, on restera convaincu qu'en rendant service à quelques-
uns, je rends service à tous.

Mais, dira-t-on, l'industrie prend déjà son parti,
et un nouveau moteur se naturalise au centre de
la Champagne? On peut citer tant de villes qui
n'en possèdent pas d'autres, qu'il semble indifférent
que l'industrie troyenne soit placée, par exemple,

dans les mêmes conditions que l'industrie alsa-
cienne. Est-on bien sûr que les conditions soient
identiques; et parce que les fabricants de Troyes
emploient des machines à vapeur comme ceux de
Mulhouse, s'ensuit-il que ces derniers paieront le
combustible plus cher qu'aujourd'hui, pour égaliser
les chances de la lutte ? Augmenteront-ils aussi le
prix de la main-d'œuvre qu'ils ont à meilleur mar-
ché ? En matière de concurrence industrielle, on ne
se pique pas de tant de courtoisie. Lorsqu'on peut
faire servir les éléments naturels eux-mêmes à
accroître la production, cela ne s'appelle pas fé-
lonie ou trahison, mais progrès et intelligence.

Il est vrai que de constants efforts ont été faits
pour obtenir du gouvernement tout ce qui peut
être favorable au développement de l'industrie, et
qu'ils ont puissamment aidé à doter enfin le pays
d'un canal de navigation par lequel les meilleurs
charbons pourront un jour arriver à Troyes, au
même prix que ceux de qualité inférieure qu'on y
brûle aujourd'hui. Mais ce qui serait, en d'autres
circonstances, une amélioration, ne serait encore
ici qu'une décadence, une déception de plus. Le
canal est destiné à rendre de grands services qui
ne peuvent être suppléés par aucun autre moyen,
et en cette qualité il a le pas sur les usines de quelque importance qu'elles soient. Toutefois, après
que la navigation aura été suffisamment fournie

d'eau, il restera dans la Seine une force motrice considérable, qui pourrait pendant long-temps suffire aux besoins du commerce, si elle était bien utilisée. Laissons donc au canal le soin d'importer les matières premières et d'exporter les produits manufacturés; mais désirons, dans l'intérêt du commerce, qu'il importe le moins possible de charbon de terre pour remplacer la force inutilisée de la dérivation. Avant d'adopter un nouveau mode de production, il faut épuiser tout ce que l'ancien offre de ressources.

La première loi de l'industrie est la conservation; la seconde, le progrès, qui n'est qu'un moyen de conserver les avantages acquis et de les féconder. Tout progrès qui n'a pas pour objet d'atteindre ce but, n'est qu'un progrès factice, un mouvement désordonné de la production, qui doit amener un mouvement en sens opposé, c'est-à-dire un mouvement rétrograde.

Il n'y a donc pas progrès à remplacer une chose par une autre, un moyen ancien par un moyen nouveau, si l'un et l'autre doivent produire le même effet. Mais il y a progrès à créer, à inventer, à ajouter. Car créer, c'est donner la vie à ce qui n'existait pas; inventer, c'est trouver un autre moyen de produire; ajouter, c'est suppléer à la faiblesse de l'action première.

J'ai tâché de faire prévaloir ces idées chaque

fois que dans mon travail j'en ai trouvé l'occasion. J'ai mis en regard les éléments de comparaison, de telle sorte qu'il sera facile au lecteur d'en tirer les conclusions qui lui paraîtront les plus naturelles.

Indépendamment de la question mécanique, il y avait à traiter la question de droit, la question agricole, la question historique, et même un peu la question hygiénique. Toutes ces questions s'enchaînant, découlant l'une de l'autre, il était impossible d'en exclure une seule. Chacune eût sans doute demandé une plume plus exercée que la mienne, mais je n'ai pas considéré la difficulté de la tâche; je n'ai vu que la nécessité qui me faisait une loi de les présenter toutes, au moins sommairement, sous peine de faire un travail inutile, parce qu'il eût été incomplet. J'ai considéré qu'il était du plus haut intérêt qu'une ville comme Troyes sût la vérité sur une des causes les plus puissantes de son ancienne prospérité, et sur les résultats qu'elle a le droit d'attendre encore de la même cause. J'ai enfin pensé que le fond obtiendrait grâce pour la forme.

De quelque part que vienne la vérité, de quelque obscurité même qu'elle soit entourée, je suis certain que les hommes éclairés auxquels je m'adresse sauront la faire briller au grand jour. Si mes efforts ont été impuissants dans les déductions,

je fais un appel à leur dévouement pour y suppléer, bien certain d'être entendu lorsqu'il s'agit
du bien du pays. Le désir de mettre chacun dans la
possibilité de comparer les résultats de mes recherches, m'a déterminé, au risque de paraître prolixe,
à citer textuellement des pièces inédites souvent
fort longues. J'ai reconnu, par ma propre expérience, que des extraits ne pouvaient donner qu'une
idée incomplète du contenu. Le même motif m'a
aussi déterminé à donner quelques calculs, fort simples du reste, mais dont j'aurais pu me contenter
d'indiquer le résultat. Ces calculs sont des renseignements d'autant plus précieux, qu'ils donnent
souvent la véritable valeur de termes contenus
dans des actes anciens.

Mes recherches n'auraient pas eu d'utilité immédiate, si je n'en avais pas déduit des conséquences
d'application usuelle. Aussi ai-je posé les bases d'un
règlement administratif, et indiqué succincte-
ment les travaux qu'il y aurait à faire pour en as-
surer l'exécution. La publicité que je donne à mes
recherches a donc principalement pour but d'appeler, sur le problème à résoudre, l'attention des intéressés, c'est-à-dire de tous ceux qui, directement
ou indirectement, participent au bienfait de la distribution des eaux de la Seine. Il faut qu'avant de
donner suite à ce travail, l'administration soit bien
sûre qu'il ne s'élèvera plus tard aucune réclama-

tion assez juste pour nécessiter de notables modifications au réglement qu'elle va préparer. Ce réglement contiendra la solution de quelques problêmes
importants d'hydraulique, tels que le partage du
produit d'un biez entre plusieurs usines, au prorata
des droits, sans astreindre les usagers à aucune
forme pour leurs roues motrices, ni à aucune mesure de police attentatoire au droit de propriété
pris dans l'acception la plus étendue du mot.

Quelques personnes donnant à mon travail plus
d'importance qu'il n'en a, ont exprimé le désir que
sa publication fût accompagnée d'une carte pour
l'intelligence des développements. Je les prie de se
rappeler que je m'adresse seulement au public
troyen, qui a une parfaite connaissance de la localité. Cet ouvrage est d'ailleurs une compilation de
documents bons à consulter, et non une œuvre pouvant offrir quelque attrait à la lecture. Au surplus,
l'excellent plan de M. Bouchier, qui m'a servi dans
mes recherches, est entre les mains de tout le
monde à Troyes, et il sera consulté avec plus de
fruit que ne l'eût été la petite carte que j'aurais
pu ajouter à mon travail.

Avril 1841.

INTRODUCTION.

Ce qu'on vient de lire pourrait, à la rigueur, nous dispenser d'expliquer dans quel but, les documents que nous publions ont été recueillis. Mais, quoique leur utilité doive à la lecture paraître assez évidente à tout le monde, il n'est pas hors de propos d'indiquer les raisons qui en ont motivé la recherche.

Un travail préalable était nécessaire pour entreprendre la rédaction d'un réglement administratif des eaux de la ville et du territoire qui formait jadis la banlieue de Troyes. Ce travail devait, selon les habitudes ordinaires, exiger l'examen attentif des lieux, quelques opérations graphiques, et l'analyse des derniers réglements locaux. Peut-être même les obstacles qui pouvaient s'opposer à l'adoption d'un réglement définitif, devaient-ils obliger de recourir à quelques lois générales sur la matière.

Il n'y avait rien là qui sortît des bornes d'un travail de cette nature. Déjà plusieurs des questions qu'il renferme avaient été traitées séparément, avec conscience et talent, par des hommes spéciaux; mais le temps ne leur avait jamais permis d'en embrasser l'ensemble sous un point de vue général.

Il ne s'agissait donc en apparence que de reprendre les parties qui avaient été négligées, et de réunir le tout dans un ordre convenable.

Cependant une étude plus sérieuse nous apprit bientôt que ce n'était là qu'une petite fraction de notre travail. La tradition, les usages avaient jusqu'alors servi de guide dans la plupart des contestations. Les droits n'étaient écrits nulle part; la possession et des transactions entre parties intéressées seules en tenaient lieu.

Quel était cependant le problême posé ?

Le voici : déterminer les droits de propriété de tous les usagers, à quelque titre que ce soit, des eaux de la Seine passant par la dérivation de Troyes ; exprimer en chiffres les avantages matériels et relatifs qui en résultent pour chacun d'eux ; prouver l'illégalité des possessions non fondées en titre ; découvrir les abus que la vigilance de l'autorité n'aurait pu prévenir dans la distribution des eaux ; établir les charges qui sont une compensation de la jouissance ; et enfin répartir ces charges entre les possesseurs fondés en titre au prorata de l'utilité qu'ils retirent des eaux.

Ce programme obligeait implicitement à examiner les titres de propriété et les droits qui ressortent de l'usage. Il obligeait encore à se prononcer dans certains cas de prescription qui pouvaient se présenter sur un cours d'eau ayant toujours été réglé par des coutumes spéciales. Comme on voit, le cadre commençait à s'étendre.

Mais en vain avons-nous demandé des titres qui constatassent une origine quelconque. Tout se réduisait à quelques transactions entre particuliers, la plupart récentes ; et encore ces transactions s'appliquaient-elles seulement à un très-petit nombre de propriétés.

D'un autre côté, tant de changements ont eu lieu de nos jours dans les dispositions du mécanisme des usines, tant d'industries nouvelles ont succédé aux anciennes industries, qu'il était difficile de retrouver les droits des dernières dans l'usage consacré par les premières. Et pourtant celles-ci n'ont pu hériter que des droits de celles-là ; car le droit qui se fonde sur l'usage doit invoquer l'usage ancien et non le nouveau, à moins que la prescription ou des conventions contraires ne modifient cet usage.

Enfin les prétentions les plus contradictoires qu'on élevait sans produire de titres à l'appui, prouvaient encore qu'il était impossible de songer à baser ce travail sur de simples probabilités, et nous faisaient regretter plus vivement de ne trouver aucun indice qui pût nous mettre sur le chemin de la vérité, aucun fil qui pût nous diriger dans ce dédale.

Il ne s'agissait donc pas simplement de mesurer ou de calculer des dépenses de liquide dans des cas variés ; d'en déduire la force mécanique ; de comparer aux avantages de celle-ci ceux d'un emploi tout différent de l'eau ; de lire quelques actes notariés, et de suppléer à l'absence de quelques autres, par des inductions tirées des premiers ou de la notoriété publique. Tous les éléments de ce travail manquaient, il fallait d'abord les rassembler.

Il fallut alors recourir aux archives de l'hôtel-de-ville que M. le maire de Troyes eut l'obligeance de mettre à notre disposition. Là il fallut parcourir plus de six mille pièces, originaux ou copies, écrites depuis le quinzième

2

siècle jusqu'à ce jour, pour en trouver une centaine qui avaient un rapport plus ou moins direct à l'objet de nos recherches.

Il fallut encore consulter les archives administratives de la préfecture du département de l'Aube, que nous avons été également admis à compulser, pour en extraire quelques documents précieux. Enfin les archives du département de la Côte-d'Or nous fournirent aussi quelques pièces, dont il n'existait que des extraits dans les deux autres dépôts.

Ce premier travail terminé, il nous fallut relire encore avec attention les renseignements qu'il nous avait fournis et les comparer entre eux. C'est seulement alors que nous avons pu connaître la jurisprudence qui a toujours réglé l'usage des eaux de la Seine, et la valeur des réclamations sur lesquelles il s'agissait de prononcer.

Dès ce moment la sphère de notre travail s'est élargie. Nous avons reconnu qu'il ne fallait pas juger de l'état ancien des choses par leur état présent, mais le rétablir s'il était possible par la pensée, pour nous servir de terme de comparaison, avec ce qui existe aujourd'hui. Nous nous sommes alors reporté de quelques siècles en arrière, à l'époque de la division des eaux de la Seine en canaux multipliés, seul moyen de nous bien pénétrer de l'esprit qui a dû inspirer ce travail. Puis nous nous sommes demandé à chaque pas, pourquoi, dans quel but chaque ouvrage avait été exécuté, et nous avons pu nous convaincre qu'une fausse interprétation des faits avait seule amené la plupart des contestations et des abus dont le nombre allait croissant, à mesure qu'on s'écartait davantage de la pensée primitive ; qu'il fallait y revenir, et que là seulement on trouverait la lumière qui devait éclairer la justice. Ce principe une fois posé, nous avons reconstitué de toutes pièces l'important ouvrage de la dérivation de la Seine, et, appuyé sur les lois modernes, nous n'avons admis de prescription que pour ce que le temps a prescrit lui-même d'une manière irrécusable, c'est-à-dire pour ce qu'il a détruit.

Alors il a été plus facile de déterminer le droit fondé sur l'usage ; de mesurer la quantité d'eau que chaque manufacture, chaque industrie employait dans l'origine ; de calculer les forces mécaniques ; d'établir les rapports qui existaient autrefois dans les partages d'eau ; d'estimer la valeur intrinsèque de ce travail par les résultats qu'il pouvait et peut encore fournir ; d'exhumer enfin de la poussière des temps l'ordre ancien pour le substituer à l'ordre nouveau.

Le travail qui suit a donc été fait dans un but industriel et non dans un but historique ; seulement quand les faits se sont groupés sous ce dernier aspect, loin de les écarter, nous avons essayé d'en déduire les conséquences, et nous sommes peut-être parvenu de cette manière à redresser quelques erreurs transmises par la tradition : erreurs d'autant plus fâcheuses que dénaturant des faits dont peu de personnes avaient un intérêt direct à contester l'authenticité, elles pouvaient porter atteinte au droit de propriété.

A mesure que nos recherches avançaient, nous avons senti augmenter notre admiration pour les souverains de la Champagne, qui ont compris que le meilleur moyen de

2 *

faire bénir leur mémoire, était de laisser après eux de ces travaux sur lesquels passent les générations et dont l'utilité est toujours réelle.

On sait que la Seine coulait autrefois à une demi-lieue de Troyes, dans le lit qui porte aujourd'hui le nom de *Vieille-Seine*. Le jour où elle fut détournée de son cours pour entrer dans cette ville en maintenant ses eaux à une hauteur qui permettait de créer six chutes successives d'usines, cette rivière devint une force motrice de la plus grande valeur; car elle était de plus de mille chevaux théoriques. Cette puissance motrice, bien utilisée par les moyens perfectionnés que l'on doit aux progrès de la mécanique, aurait rendu aujourd'hui autant de service que douze cents chevaux de trait attelés à la fois à des manèges.

Un travail produisant de tels résultats passera dans tous les temps pour une œuvre gigantesque. Il devait, surtout à son origine, changer la face du pays.

Nous avons également senti le besoin de rendre justice à la prudence et à l'impartialité qui ont le plus souvent dicté les décisions des autorités appelées à régir et à conserver cette part de l'héritage des comtes de Champagne. Car il y a certainement prudence à dispenser la fortune publique selon les besoins des temps et à ne jamais l'aliéner. Un progrès ultérieur peut exiger qu'elle soit rendue un jour à sa destination primitive, ou qu'on lui en donne une autre plus profitable à la société. Nous espérons prouver que jusqu'à présent on ne s'est jamais écarté de ces principes salutaires qui dirigent toujours les actes d'une sage administration.

Dans ce travail nous n'avons eu la prétention ni de faire plier les faits sous le joug de la législation en vigueur, ni de subordonner la législation à la puissance des faits. Nous avons tâché de raconter fidèlement ce qui a été, et de décrire ce qui est, en essayant de coordonner les effets et les causes.

Après avoir montré ce qu'était autrefois le régime de la dérivation de la Seine à Troyes, et ce qu'il est devenu, il fallait montrer la possibilité d'une restauration immédiate, et sinon complète, du moins partielle de cet ouvrage. Les moyens que nous proposons pour obtenir ce résultat, nous ont en même temps paru les plus propres à concilier les intérêts contemporains avec le devoir de transmettre aux âges futurs le bienfait que les âges passés ont légué aux habitants de la ville de Troyes. Si nous ne sommes pas parvenu à remplir, au gré de tous, la mission qui nous a été confiée, si les vérités que nous mettons au jour froissent quelques intérêts privés, nous espérons que ces recherches n'en seront pas moins de quelque utilité générale, qu'elles pourront éclairer l'administration et l'industrie, et, en même temps, servir de base au grand acte administratif que celle-ci réclame.

Bien que la dérivation de Troyes ait été le principal but de nos recherches et de nos études, nous avons cependant consacré un chapitre à celle de la Planche-Quénat, située à une lieue au dessous de la ville, et qui offre aussi quelques ressources à son industrie.

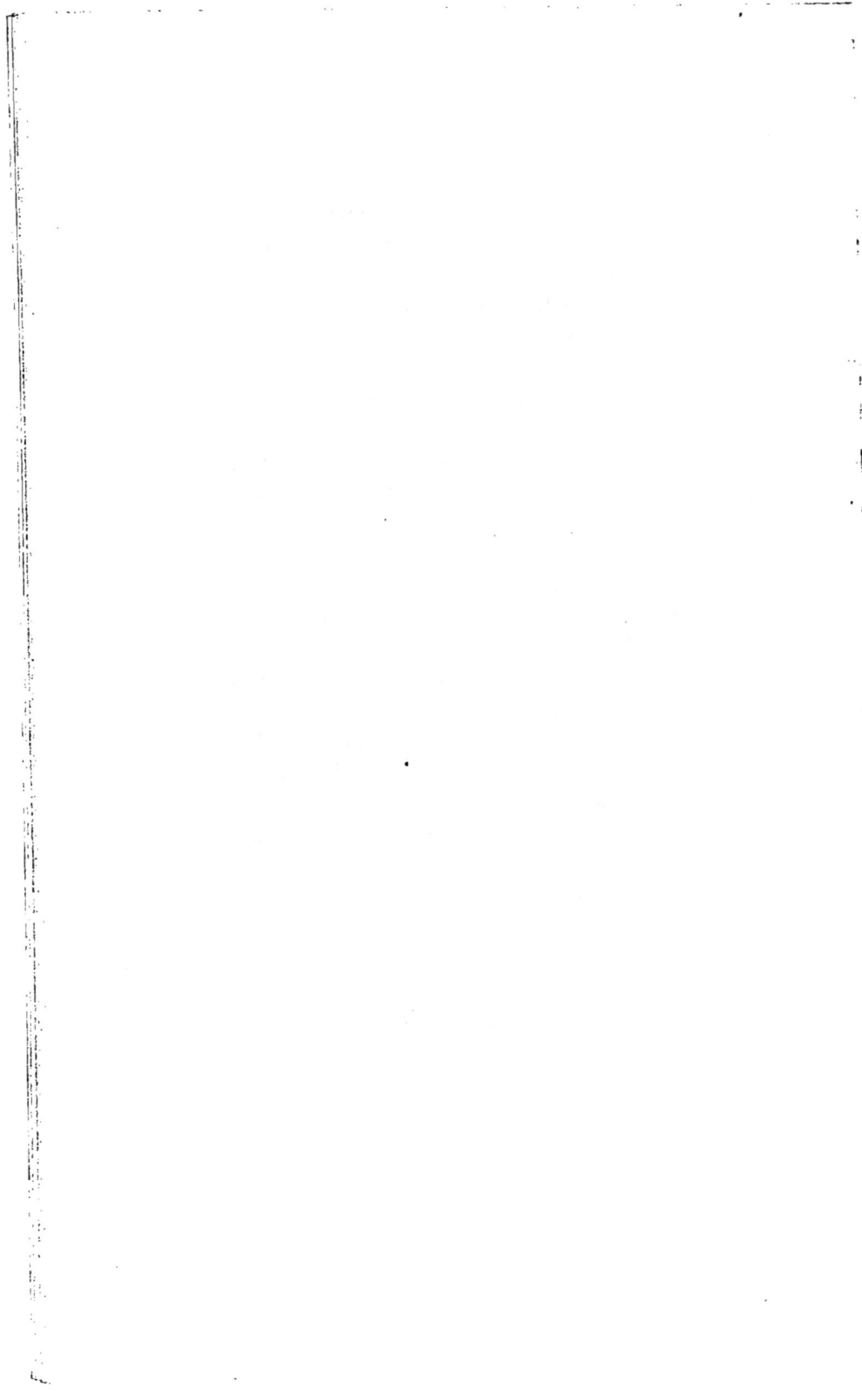

RECHERCHES

SUR LE RÉGIME ANCIEN

DES EAUX DE LA RIVIÈRE DE SEINE,

DANS L'ÉTENDUE DU TERRITOIRE

DE LA VILLE DE TROYES,

POUR SERVIR A RÉGLER L'USAGE DE CES EAUX.

CHAPITRE Ier.

PLAN GÉNÉRAL DE LA DIVISION DES EAUX DE LA SEINE.

Il n'est pas de fait exactement rapporté, et il n'est pas d'opinion consciencieusement formée, qui ne puissent jeter un peu de lumière sur une question aussi neuve, quoique aussi souvent traitée, que celle de la conservation du régime d'une rivière, quand surtout elle se présente sur une échelle aussi vaste qu'à Troyes. Nous ne pourrions dire ce qu'était la Seine à son passage sur le territoire de cette ville, vers le milieu du quatrième siècle ; mais si nous en croyons l'empereur Julien, à cette époque, les eaux de cette rivière avaient à Paris une grande limpidité et une hauteur à peu près égale en hiver et en été (1).

(1) « Il parle ainsi (l'empereur Julien) de Paris et du séjour qu'il y fit :

» Je passai l'hyver, dit-il, dans ma chère Lutèce. Elle est située dans » une petite ile où l'on n'entre que par deux ponts de bois, plantez de » costé et d'autre. Le fleuve qui l'environne de toutes parts est presque

Il est à présumer qu'il se produisait tout naturellement un effet que l'art obtiendra sans doute un jour. Des réservoirs creusés fortuitement, et peut-être le sol des forêts lui-même, retenaient les eaux à l'époque où elles étaient abondantes, et les laissaient s'écouler en sources multipliées dans les temps de sécheresse. Il en résultait que l'étiage tenait à peu près le milieu entre les plus hautes et les plus basses eaux actuelles.

On en peut conclure que le régime des eaux de la Seine a éprouvé à Troyes de grandes modifications depuis cette époque reculée. Celle à laquelle paraissent avoir été faits les beaux travaux de la division de ces eaux tient, il est vrai, le milieu entre le temps de l'empereur Julien et le nôtre; mais n'est-ce pas une raison pour admettre qu'au milieu du douzième siècle, lorsque l'on réglait sagement les intérêts des bourgeois de Troyes, les grandes eaux étaient moins redoutées, et les basses eaux d'un produit plus fort qu'aujourd'hui? Cette vérité nous paraît incontestable. Il serait facile de la corroborer au besoin d'analogies multipliées. Nous aurons occasion de revenir plus loin sur cette question.

Plusieurs auteurs distingués de Troyes ont écrit l'histoire politique et religieuse de cette ville. Mais aucun n'a précisé l'époque à laquelle avaient été creusés les canaux

---

» toujours au mesme état, sans enfler ou diminuer considérablement.
» L'eau en est très-pure et très-agréable à boire; ce qui est d'un grand
» secours aux habitants. L'hyver est fort doux pour l'ordinaire dans
» ce lieu, etc......... »
   (*Histoire de la ville de Paris*, par D.-Michel Félibien, tom. 1, page 16).
   Le même auteur dit que Julien vint dans les Gaules en l'année 356 de notre ère.

qui, de Saint-Julien, amènent une partie de l'eau de la
Seine sous les murs et dans l'intérieur de la ville. Nous
n'avons trouvé dans les archives aucun document sur
cette question qui ne manque pas d'un certain intérêt
historique. Mais nous sommes porté à croire que ces
travaux, que l'on attribue généralement à Thibault-le-
Grand ou à son successeur Henri I, dit le Libéral (1), ont
été l'ouvrage de ces deux comtes, ou plutôt qu'ils avaient
reçu un commencement d'exécution sous plusieurs de
leurs prédécesseurs. Il est certain que malgré l'unité de
vue qui paraît avoir présidé au tracé de cette distribution,
on rencontre quelques indices qui décèlent des reprises ou
une main moins habile.

Au reste, la chronologie des comtes de Champagne
nous apprend que Thibault-le-Grand succéda en l'an 1125
à Hugues I son oncle. Des preuves authentiques ne permettent pas de douter que le travail de la division de la

(1) Courtalon, qui écrivait vers le milieu du dix-huitième siècle, se
contente d'attribuer une partie de ces travaux au comte Henri I ; voici
comment il s'exprime : « Cependant le comte Henri étendait sa vigilance à tous les objets qui pouvaient contribuer au bonheur de ses
peuples ou à l'agrandissement du commerce et des arts, et sa magni-
ficence, semblable à celle de Trajan, avait principalement en vue les
avantages publics. La Seine, qui ne faisait alors que côtoyer les murs
de Troyes, lui parut mériter une attention particulière. Tous les écrivains qui ont parlé de cette ville, attribuent à ce prince la multiplicité
des canaux de cette rivière, qui en arrosent divers quartiers et facili-
tent l'entretien des manufactures qui ont besoin de ce secours. Mais
ces écrivains ne nous marquent point l'époque de cette division des
eaux de la Seine; nous avons lieu de regretter de n'avoir pas sur ce
sujet de plus amples éclaircissements. »
(*Histoire des comtes de Champagne*, page 203. *Manuscrit appartenant à
la ville de Troyes*).

Seine ne fût terminé vers l'an 1155, sous l'administration de Henri 1. Pour attribuer exclusivement à ces deux princes, les travaux de la dérivation, il faut donc supposer que, dans une période de 30 années au plus, on a non seulement creusé tous les canaux, élevé les chaussées et construit douze grandes usines, mais encore que, dans ce même intervalle de temps, la population de Troyes s'est accrue démesurément et sa fortune aussi, dans un rapport dont les merveilles de l'industrie moderne présentent à peine quelques exemples.

Si l'on suppose au contraire que l'industrie troyenne était déjà florissante et qu'elle a pu fournir les ressources nécessaires pour mener ce travail à bonne fin, en si peu de temps, il faudra imaginer, pour aider au développement du commerce, un état de chose antérieur à cette division, placer des manufactures à une plus grande distance de la ville, et les démolir pendant leur prospérité, pour venir les asseoir sur les nouveaux canaux.

Il est difficile d'admettre ni l'une ni l'autre de ces deux hypothèses. Le temps est un élément dont on ne se passe, en semblables circonstances, que par une dépense de force productive dont le passage laisse ordinairement des traces ineffaçables. Il n'est donc pas douteux qu'il ne faille restituer, aux prédécesseurs de Thibault et d'Henri, l'honneur de l'initiative dans un ouvrage que ceux-ci ont achevé, en lui donnant peut-être plus de développement.

Le travail dont parle Courtalon, et qui était le complément de l'œuvre entreprise par les prédécesseurs de Henri I, consistait sans doute dans le grand et le petit ru, le ru Cordé, et les nombreux traversins qui les relient, et qui coupent en tous sens, au sud de la ville, un quartier

ayant 600 mètres de longueur sur 350 de largeur. Il est
permis de croire qu'à l'époque où furent creusés ces canaux intérieurs, l'enceinte de la ville n'était pas aussi
étendue du côté de la partie haute, ou que du moins les
habitations n'y étaient pas aussi pressées ; et alors en affec-
tant un quartier spécial à des industries que nos lois modernes reléguent, comme insalubres ou incommodes, loin
des habitations, le comte Henri faisait preuve de connais-
sances hygiéniques fort étendues. Le travail est resté, les
usages se sont transmis de générations en générations ;
mais nous voyons que la trace de toute précaution sani-
taire a disparu.

Nous sommes donc profondément pénétré de la vérité
des deux assertions principales que nous avançons ici :
1° qu'au douzième siècle, la rivière de Seine fournissait
de l'eau suffisamment, en toutes saisons, pour tous les
usages auxquels elles sert encore aujourd'hui, et dont
aucun ne paraît avoir de priorité sur les autres ; 2° que
dans l'exécution des divers travaux qui ont eu pour but
la prospérité du commerce de la ville de Troyes, les
auteurs n'ont jamais entendu sacrifier la salubrité publique à quelques intérêts privés.

La rivière a été détournée de son cours naturel en aval
du village de Sancey-Saint-Julien, à quatre kilomètres
environ au-dessus de la ville. Son ancien lit, aujourd'hui
comblé dans cette partie, fut coupé transversalement par
un barrage qui portait le nom de *vannes tranchines*. Des
digues furent élevées sur les rives, et les eaux, exhaussées
au-dessus de leur niveau naturel, fournirent une première
chute auprès du village de Sancey, où elles firent marcher
un moulin qui portait le nom de ce village. Nous ne pré-

tendons toutefois lier en aucune manière l'existence du moulin de Sancey à la dérivation. Ce moulin pouvait être déjà très-ancien lorsque l'on songea à détourner la Seine, et les travaux, qui ont été la conséquence de cette résolution, ont pu être exécutés sans porter atteinte aux droits du propriétaire. Il est possible qu'on découvre un jour la vérité sur cette question au reste peu importante. Il nous suffit de constater que la dérivation commençait aux vannes tranchines, situées à quelques centaines de mètres au-dessous du moulin et du déversoir actuel de Saint-Julien. Dans le principe, toute la rivière passait à travers le vannage du moulin de Sancey. Le déversoir de Saint-Julien n'existait pas encore; mais à quelques pas plus bas, les vannes tranchines, qui étaient sans doute accompagnées d'un deversoir (1), rejetaient le trop plein du bassin inférieur dans lequel il ne restait ainsi que le volume d'eau nécessaire aux usines de la dérivation. Les vannes tranchines réglaient donc le volume d'eau qui devait être introduit dans les canaux, puisqu'elles évacuaient l'excédant de ce volume, et on ne peut que regretter vivement aujourd'hui que cet ouvrage ait disparu. On conçoit en effet de quelle utilité il serait, à l'époque des crues, de ne laisser couler vers la ville que l'eau nécessaire aux manufactures. Quand on songe aux calamités qui suivraient la rupture d'une des digues de retenue, on ne comprend pas les motifs qui pourraient encore aujourd'hui s'opposer à son rétablissement. Nous savons qu'en rejetant toute la

---

(1) Quelques plans informes du XVIIIᵉ siècle, qui existent aux archives de la préfecture, et où les vannes tranchines sont figurées grossièrement, semblent autoriser cette croyance, quoique, dans aucune pièce écrite, il ne soit question de déversoir.

Seine dans son ancien lit, on peut aussi occasionner des
accidents ; mais l'attention et les forces disponibles ne
seraient plus divisées, les chances de rupture des digues
se trouvant circonscrites dans l'étendue d'un seul canal.
On ne ferait d'ailleurs que rétablir les choses dans leur
état primitif.

Au-dessous du point où étaient placées les vannes tranchines, le canal de dérivation se bifurque au lieu dit la
Grande-Pointe. Le bras de la rive gauche va alimenter le
moulin de Pétail, et celui de la rive droite, deux fois plus
large que le premier, se divise de nouveau, un peu plus
bas, en deux canaux d'égale largeur qui fournissent de
l'eau, l'un au moulin le Roy, et l'autre à celui de la Moline.
Ces deux derniers canaux coulent parallèlement au-dessous
de ces moulins l'espace de cinq à six cents mètres, et se
réunissent enfin dans le canal du Vouldy, après avoir
encore mis en mouvement les moulins de Notre-Dame
et de la Rave. De cette façon, le tiers du volume de
l'eau entrant dans la dérivation, se maintenait, après la
chute de Pétail, dans le canal des Trévois ou des Blanchisseurs, à un niveau supérieur de 1 mètre 30 centimètres,
à celui des deux autres tiers qui formaient deux chutes
successives, et pénétraient dans un quartier plus bas de la
ville (1). Toutefois de temps immémorial, comme nous le
verrons plus tard, il se fait distraction d'une partie de
l'eau des Trévois en faveur du moulin de Paresse, situé
sur la rive droite de ce canal, et dont la décharge commu-
nique avec le canal du Vouldy.

(1) On verra plus loin que la hauteur de toutes les chutes d'eau de cette
dérivation de la Seine était fixée primitivement à quatre pieds (1^m 30^c).

L'eau du canal des Trévois ayant été introduite dans
l'intérieur de la ville, donna sans doute lieu à la construction du moulin de la Tour, qui reçoit cette même eau,
après qu'elle a parcouru le quartier de tout temps affecté
aux tanneries, mégisseries, teintureries, foulons, etc. L'on
remarquera que bien qu'il y ait 3 mètres 10 centimètres
de différence de hauteur entre le niveau de la retenue
dans le canal des Trévois et le seuil des vannes du moulin
de la Tour, et qu'en noyant de 40 centimètres environ, comme on le fait aujourd'hui, le surceau inférieur du
petit ru, on puisse obtenir une hauteur de chute de
1 mètre 76 centimèt., on a cependant de tout temps
réclamé pour que ce moulin fût soumis aux ordonnances
qui fixent uniformément à 1 mètre 30 centimèt. (4 pieds)
la hauteur des vannes de décharge. Il est clair que le
fondateur avait voulu, et ses successeurs après lui, que
dans l'intérieur de la ville l'eau s'écoulât rapidement, en
vertu de la pente réservée dans son lit, et entraînât facilement toutes les saletés et les immondices produites par
les manipulations qui se faisaient sur ses bords. En s'écar-
tant de ces principes on a compromis momentanément la
santé publique.

Il est probable que, grâce à cette disposition, les eaux
descendant des rus et traversins de la ville, ne se confon-
daient pas dans le ru Cordé avec celles du canal du
Vouldy, près le pont de Jully. Un haut fond qui existait
encore avant que l'on eut commencé les travaux du canal
de navigation dans cette partie, et qui établissait une sépa-
ration entre ces eaux dans l'étiage, semble prouver que ce
n'est que lorsque, par négligence ou dans des temps de
trouble, le régime de la dérivation de la Seine a été altéré,

que l'on a jugé nécessaire de donner aux eaux du ru Cordé une décharge autre que celle du moulin de la Tour. Alors sans doute on a établi une communication qui leur a permis de se perdre par le déversoir du gouffre ou de la Planche-Clément, et alors aussi on s'est trouvé dans la nécessité de mettre l'arête supérieure des vannes du moulin de la Tour au niveau du couronnement de ce déversoir, c'est-à-dire à 1 mètre 76 centimètres au dessus de leur seuil.

On voit que les pentes et chutes avaient été habilement ménagées pour obtenir certains effets prévus. En rentrant dans le cercle des idées qui ont dominé l'exécution de ce travail, on pourrait facilement lui rendre sa forme et son utilité primitive.

Entre le moulin de la Tour et celui de Saint-Quentin, qui reçoit ses eaux, il y a 1 mètre 73 centimèt. de différence de niveau, ce qui établissait une pente de 0 mètre 43 centimèt. pour l'écoulement de l'eau du sous-biez du premier moulin. Mais aujourd'hui la vanne de décharge du moulin de Saint-Quentin a 1 mètre 46 centimèt. de hauteur, et le niveau moyen du couronnement de son déversoir est de 3 centimètres plus élevé (1), ce qui réduit la pente à 24 centimètres. Comme on avait négligé dans l'origine d'établir, d'une manière permanente, la hauteur relative des surceaux et des déversoirs, et qu'à chaque reconstruction on s'est contenté de prendre des repères qui n'avaient d'autre utilité que celle du moment, il n'y a pas lieu de s'étonner que les hauteurs aient pu varier de

(1) Le déversoir de Saint-Quentin est établi suivant une pente de 0ᵐ 09ᶜ de l'amont à l'aval.

plusieurs centimètres après tant de réparations et recon-.
structions, malgré les soins minutieux avec lesquels les experts ont dû procéder.

Après avoir mis en mouvement les moulins de la Pielle,
de Jaillard et de Meldançon, situés sur un même biez,
et au-dessous les moulins de Brusley, l'eau du canal du
Vouldy se réunit à celle qui sort du moulin de Saint-
Quentin, et toute l'eau de la dérivation s'écoule dans un
même lit jusqu'au canal de Fouchy, où elle imprimait
encore le mouvement à des moulins qui ont été détruits
en 1814, pendant l'invasion des armées coalisées.

Là paraît s'arrêter l'entreprise conçue par les comtes
de Champagne. Les eaux de la dérivation se confondent
au-dessous du moulin de Fouchy, avec celles de la Vieille-
Seine. Néanmoins il entre dans notre plan de parler de
travaux postérieurs, qui sont venus enlever une partie
des eaux motrices du moulin de Fouchy, en faveur d'une
navigation étudiée et exécutée à la fin du dix-septième
siècle. Nous examinerons également une autre dérivation
très-ancienne, qui divise de nouveau la Seine à Planche-
Quénat, à quatre kilomètres au-dessous de la ville, pour
en rejeter une partie sur le côté droit de la vallée où elle
sert de moteur aux moulins de Sainte-Maure, Mergey,
Villacerf et Chauchigny. Au-dessous de ce dernier moulin l'eau rentre de nouveau dans le lit de la rivière, qui
suit le côté gauche de la vallée, en passant par lesm ou-
lins de Barberey, Payns, et Saint-Mesmin.

Indépendamment des grandes usines situées sur les
chutes d'eau créées au moyen des digues, il existait probablement dès le principe, diverses industries alimentées

le long de ces canaux par des prises souterraines réglées au moyen de bondes, qui fournissaient de l'eau, soit pour faire tourner de petites roues hydrauliques, soit pour des préparations de blanchiment, soit même pour l'arrosage des propriétés riveraines. Ces bondes, qui existent encore, semblent détourner l'eau de son cours naturel. Mais, si l'on se reporte à la création de cette division de la Seine, alors que le produit de la rivière suffisait à tous les besoins, on reconnaîtra que c'était sans inconvénient. D'ailleurs, l'ensemble de ce travail ayant été combiné et exécuté sous l'influence d'une seule volonté, ou de plusieurs volontés concourant au même but, il était loisible aux fondateurs de donner à l'eau la destination qui leur paraissait la meilleure. Il n'est donc pas exact de dire que les bondes ont amené la ruine du régime artificiel de la dérivation de la Seine, il faut chercher ailleurs la cause de cette décadence.

L'eau qui s'écoule par ces bondes forme deux ruisseaux, dont l'un, appelé la Nagère, est situé entre les canaux des Trévois et du Vouldy, et afflue dans ce dernier canal. L'autre, qui porte le nom de Fontaine-de-la-Vacherie, se jette dans la dérivation un peu au-dessous du moulin de Saint-Quentin, après avoir arrosé une partie du territoire situé à l'est de la ville

La dérivation de la Seine reçoit aussi dans son lit les eaux de plusieurs ruisseaux, dont les plus considérables sont la vieille et la nouvelle Vienne. Il est facile de reconnaître que le régime de ces petites rivières a été en partie sacrifié à l'exécution du vaste projet de la distribution de la Seine, et Grosley a dit d'excellentes choses à cet égard dans ses Éphémérides. Il indique la marche à suivre pour donner aux eaux de la vieille Vienne toutes les fac

3

d'écoulement qu'elles avaient, il y a mille ans, alors que les terrains de Montier-la-Celle étaient parfaitement desséchés. Ce n'est pas ici le lieu d'examiner de quel intérêt il pourrait être aujourd'hui de rétablir les choses dans leur premier état, en faisant passer ces eaux sous le canal du Vouldy et sous son embranchement supérieur, comme elles passent sous le canal des Trévois. C'est là une question d'agriculture de premier ordre, et nous reconnaissons notre incompétence pour traiter cette matière dans ses détails. Disons seulement que, dans l'état actuel, la vieille Vienne arrose et féconde au moins 80 hectares de prairies et jardins, et la nouvelle Vienne 200 hectares.

Les deux Viennes ont chacune leur cours bien distinct, quoiqu'on les confonde généralement, parce qu'à une petite distance de la ville elles communiquent ensemble par un ruisseau qui jette dans la nouvelle Vienne une partie du produit de l'autre rivière.

La vieille Vienne prend sa source au hameau d'Echenilly, à 4 kilomètres de la ville, et traverse un routoir très-important, avant d'arriver à Saint-André. Elle traverse ensuite les anciens marais de Montier-la-Celle, et passe enfin sous le canal des Trévois, près de la Halle-au-Vin, pour aller se perdre dans les eaux du Vouldy. Son produit varie avec les saisons et devient complètement nul vers la fin de l'été.

La nouvelle Vienne prend sa source à la fontaine *Nago*, située à 6 kilomètres de la ville, et traverse les anciens marais de la Rivière de Corps et les terrains de Chicherey, pour venir se jeter au pied des remparts, près la Tour-Boileau. Elle longe le côté occidental de la ville, puis le côté septentrional, jusqu'à ce que ses eaux se confondent avec celles de la Seine, près de la bonde Gendret, que ces deux rivières alimentent conjointement. Les sources de la nouvelle Vienne tarissent, comme celles de l'ancienne, par les grandes sécheresses.

Nous trouvons ici l'occasion de dire quelques mots des nombreux projets qui, depuis plus de deux cents ans, ont eu pour but d'employer l'eau de ces rivières à l'usage de la ville de Troyes. Parmi les auteurs de ces projets, les uns ont voulu élever les eaux, au moyen d'aquéducs, jusqu'au niveau du Marché-à-Blé, en ménageant la pente depuis les sources jusqu'à la ville, sans être effrayés du tort immense qu'on ferait à l'agriculture, en privant 300 hectares de terrain des moyens d'arrosement qui font aujourd'hui leur fécondité, et alors qu'il n'est pas prouvé que les sources soient plus élevées que le point où on voulait les faire arriver. Les autres se contentaient d'arrêter l'eau dans le fossé occidental de la ville, et de l'élever au moyen de machines, pour être distribuée dans les divers quartiers. Ce dernier système, bien que n'étant pas exempt de tous les inconvénients que nous avons signalés dans le premier, serait peut-être plus exécutable; mais il est une question préalable qui ne nous semble pas résolue : à savoir, si les deux Viennes fourniraient, pendant les fortes chaleurs de l'été, l'eau nécessaire au lavage des rues, opération que la salubrité exige impérieusement dans cette saison. Pour nous, nous pensons que ce n'est pas là qu'il faut chercher la solution de l'important problème d'une distribution d'eau et de l'établissement de bornes-fontaines, dans toute l'étendue de la ville de Troyes; problème digne, sous tous les rapports, des méditations et des études d'une administration éclairée.

3 *

L'on nous pardonnera cette digression sur la vieille et la nouvelle Vienne : il n'entre pas dans le cadre de notre travail d'en faire l'objet d'un examen approfondi.

Le principe sur lequel s'est appuyée la jurisprudence administrative qui a régi cette matière, c'est que tous les usagers, à quelque titre que ce soit, de l'eau de la Seine passant par la dérivation, étaient soumis aux réglemens que les Maire et Echevins croyaient devoir publier dans l'intérêt de la conservation du régime des eaux. Ils tenaient ce pouvoir de lettres-patentes du mois de février 1482, que des arrêts du conseil d'état du roi avaient de nouveau confirmées les 19 septembre 1758 et 26 mars 1765. De toutes les ordonnances et de tous les réglements émanés de cette juridiction, il résulte que le droit à l'usage n'était pas illimité, mais soumis à certaines éventualités dans lesquelles la diminution du produit de la rivière n'était pas oubliée. En définitive, le régime artificiel des eaux avait été créé, non pour l'utilité d'une industrie ou d'un particulier opulent, mais pour l'utilité de toutes les industries et de tous les habitants de la contrée. De là vient qu'aucune usine n'a de titre de concession, et que le droit se trouve fondé sur l'usage, et non l'usage sur le droit.

En parlant de chaque usine en particulier et de chaque nature d'industrie, nous donnerons des extraits des pièces justificatives sur lesquelles nous fondons notre opinion.

Toutefois, comme les vannes tranchines étaient la clef de la dérivation, elles méritent au préalable un examen spécial.

CHAPITRE II.

DES VANNES TRANCHINES.

Lorsque l'on conçut le projet de détourner le cours d'une partie de la Seine, il fallut barrer l'ancien lit, pour établir une hauteur constante du niveau de l'eau dans le nouveau lit. Si l'on n'avait eu que cette condition à remplir, on en serait venu facilement à bout, en construisant un déversoir dont le couronnement eût déterminé la hauteur de l'eau dans le bassin ; mais il est bien prouvé qu'une navigation assez active avait alors lieu sur la Seine, et l'on trouve dans le dossier d'un procès (1) que la ville de Troyes a soutenu vers 1760, contre **M.** le marquis de Galifet, que les vannes tranchines servaient au passage des bateaux qui descendaient sur Paris.

L'intérêt de la navigation suffisait pour établir ces vannes, et leur existence n'eût pas été un motif suffisant pour conclure qu'elles servaient à évacuer toute l'eau qu'on ne voulait pas faire entrer dans les nouveaux canaux. On pourrait donc croire qu'il arrivait comme aujourd'hui, qu'afin de soulager les digues de retenue, on levait sur toute la ligne les vannes de décharge, et que réellement la dérivation venait en aide à l'ancienne Seine pour livrer passage aux grandes eaux.

Cependant, si l'on fait attention qu'il existait un moulin

(1) *Archives administratives du département de l'Aube.*

au-dessus des vannes tranchines; qu'il n'y a nulle apparence que ce moulin ait jamais été gêné par les crues
d'eau, si ce n'est peut-être dans les derniers temps de son
existence; qu'entre ce moulin et ceux qui étaient placés
sur son sous-biez, il n'y avait au plus qu'une différence de
niveau de 1 mètre 40 centimètres, alors que sa chute légale
était de 1 mètre 30 centimètres, on sera obligé de convenir que le niveau de l'eau ne variait guère dans ce sous-
biez, et qu'il était bien réglé par les vannes tranchines.
Celles-ci rendaient par conséquent aux usines le service
de les débarrasser de toute l'eau qui aurait pu les gêner.
C'est dans ce sens que nous avons dit que ces vannes
étaient la clef de la dérivation.

A ces raisons probantes nous ajouterons qu'un compte
de 1503 liv. « de la perception qui se faisait de 20 sous sur
toutes les roues des moulins étant sur la rivière de Seine,
depuis les vannes tranchines près et au-dessous des moulins de Sancey jusqu'au moulin de Saint-Quentin, pour
l'entretien desdites vannes tranchines, » (1) démontre
jusqu'à l'évidence que l'utilité de ces vannes était immédiate pour les usines, et qu'elles en formaient en quelque
sorte une annexe.

Il nous paraît donc bien établi que la construction des
vannes tranchines n'avait pas été seulement motivée par
les besoins de la navigation, mais qu'il entrait dans le
plan du constructeur de les faire servir à régulariser le
mouvement de l'eau vers la ville; qu'elles complétaient
enfin le système de la division des eaux.

---

(1) *Archives de l'hôtel-de-ville.* Cette pièce paraît avoir disparu du
tréso.' avec un grand nombre d'autres; mais l'inventaire qui a été dressé
en 1760 en fait mention.

Ce n'est pas du reste faire une concession bien large aux hommes qui ont combiné et exécuté cette division, de croire qu'ils avaient usé de tous les moyens de conservation en leur pouvoir. La première idée qui se présente naturellement à quiconque fait exécuter le plus petit travail de cette nature, c'est que toute l'eau inutile pour atteindre un but doit suivre son cours naturel.

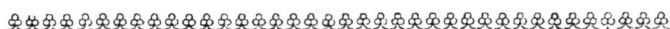

CHAPITRE III.

DES MOULINS.

§ Ier. — *Ancien moulin de Sancey*.

On a vu qu'il existait au-dessus des vannes tranchines un moulin, dit de Sancey, qui appartenait au seigneur de Sancey, commandeur de l'ordre du Temple. Il fut abandonné à la fin du xviie siècle (1), à la suite de mauvaises affaires faites par le dernier fermier. Mais il est probable qu'on n'eût pas abandonné de même la chute d'eau, si elle s'était encore trouvée dans les conditions qui avaient déterminé la construction du moulin.

Un extrait authentique, fait en 1686, d'un ancien registre de l'hôtel-de-ville, va servir à éclaircir la question (2).

(1) 1680, « procès-verbal d'enchères et adjudication au rabais des bois et matériaux provenant des moulins de Sancey qui sont tombés en ruine ensemble deux petits bâtiments, etc.; ......fait par le lieutenant-général au bailliage de Troyes, à **M.** Jacques Hugot, moyennant la somme de 575 livres. » (*Archives de l'hôtel-de-ville.*)

(2) « Le premier aoust 1477, Jean Coiffart estant greffier de la cour du

On y trouve que le moulin existait anciennement et avait
été détruit pendant la guerre. Voilà tout ce qu'on en peut

bailliage de Troyes, le commandeur de la commanderie du Temple et
feu Jean le Bey, demeurant à Troyes, requirent en la cour du bailliage
permission de réédifier les moulins situés sur la rivière de Seyne, à l'endroit du village de Sancey, qu'ils disoient par les guerres avoir esté dé-
molis, et pour ce qu'on disoit qu'ils seroient préjudiciables, à la ville de
Troyes, prestoient consentement et offroient qu'après qu'ils seroient faits
et parfaits, s'il estoit trouvé qu'ils fussent dommageables, de les faire
desmolir et abattre; et à ces charges et plusieurs autres contenues en
lettres de ce faire, le dit jour obtinrent la dite permission, la coppie desquelles lettres et d'autres touchant les dits moulins, est incorporée en la
fin de ce premier cahier.........

» Et par la dite permission le vannage des dits moulins doit estre de
cent pieds de long au travers de la dite rivière pour mieux décharger les
eaulx, et à chacune rive du dit vannage doit avoir cinq vannes, chacune
de cinq pieds entre deux éguilles.

» Plus y doit avoir deux grandes vannes chacune de dix pieds de large
entre deux éguilles, tant pour monter et avaller les bateaux que pour
faire passer les glaces et pour mieux décharger les grandes eaulx.

» Avec un coulis au milieu contenant vingt-quatre ou vingt-cinq pieds
pour passer les bateaux et glaces et grandes eaulx.

» Et si advenoit qu'il fallust faire aucunes réparations et ouvrages,
tant en chemin pendant, comme aux arbres, roues et rouet, que les dits
moulins fussent à séjour, les dits sieurs ou fermiers des dits moulins
sont tenus de incessamment laisser courir de l'eau par deux des
vannes de décharge, autant ou plus qu'il en pourrait falloir à moudre
trois ou quatre roues des dits moulins en temps des basses eaux, affin que
les autres moulins estant au-dessus de la ville de Troyes n'aient cause
des eaulx douloir.

» Et au regard d'au-dessus des dits moulins, les dits sieurs et fermiers
seront tenus de mettre en estat, relever et maintenir la chaussée estant
à mont eaulx, tellement qu'il n'en puisse avoir inconvénient aux pays
et héritages voisins, à l'occasion des dites retenues.

» Et s'il estoit trouvé qu'il fallust une descharge en la chaussée des dits
moulins pour décharger les grandes eaulx, estoient tenus de faire à leurs
dépens, si bien et si surement qu'il n'en pust venir inconvénient, et
garder et mettre telle haüteur qu'en temps de basses ou moyennes eaulx,
l'eau ne se puisse perdre. »

Signé BLANCHART.

(*Archives historiques du département de l'Aube.*)

savoir avant 1477. Toutefois, comme cet extrait d'une pièce qui est une autorisation de reconstruire, dit que dans le cas où une décharge deviendrait nécessaire à ce moulin, les pétitionnaires en feraient les frais, il n'est pas douteux que cette décharge n'existait pas en 1477; et comme cette décharge n'est autre que le déversoir de Saint-Julien, la date de la construction de ce déversoir va se trouver ainsi rigoureusement circonscrite. Dira-t-on que l'ancien moulin détruit avait une décharge, et qu'elle avait disparu avec le moulin? Mais toutes traces auraient donc disparu aussi, et la tradition s'en serait effacée, alors que celle de l'existence du moulin était encore fraîche! Car il est évident qu'on n'eût pas inséré une clause dubitative pour la construction d'une décharge, s'il avait été avéré que l'ancien moulin en avait une. D'ailleurs l'acte de 1477 ne prévoit-il pas, suivant la tradition, les travaux à exécuter pour les grandes eaux? Un déversoir de vingt-cinq pieds de long, et deux vannes de dix pieds dont la principale destination était de permettre le passage des bateaux.

Concluons donc que le premier moulin de Sancey a existé sans décharge en amont ; ce qui implique nécessairement que les grandes eaux étaient infiniment moins abondantes à cette époque qu'elles ne le sont aujourd'hui.

Rejettera-t on cependant la première construction de ce moulin à une époque tellement reculée, qu'on ne puisse pas conclure de ce fait à l'état du régime de la rivière du dixième ou douzième siècle, lorsque l'on construisait les vannes tranchines?

On ne pourrait, il est vrai, sans beaucoup de témérité, nier que ce moulin puisse avoir une date bien plus ancienne que les vannes tranchines, puisqu'il n'était aucunement lié au système de la dérivation. Mais si l'état constant des eaux n'était plus parfaitement uniforme, lorsque l'on construisit les vannes tranchines ; le bon sens indique qu'il était loin d'éprouver les variations qu'on lui reconnaît maintenant, attendu que l'altération n'a pu être que progressive. D'ailleurs, si le déversoir de Saint-Julien n'existait pas aujourd'hui, et que la rivière eût encore son ancien cours, concevrait-on la possibilité d'établir un moulin en travers de la rivière, même dans les conditions imposées par l'autorisation de 1477, sans construire au préalable une décharge pour les grandes eaux ? Le doute seul qui existait à cet égard en 1477 est une preuve des grands changements qui sont survenus depuis.

Une note jointe à l'extrait de l'acte de 1477 indique que le moulin était construit en 1479; mais il n'y est pas question de la décharge, et c'est seulement par une sentence du 24 mai 1632, qu'on acquiert la certitude de son existence. Néanmoins, il est très-probable qu'elle fut construite en même temps que le moulin; et, à défaut de renseignements plus précis, c'est la date que nous lui assignons. Un canal fut creusé pour rejoindre l'ancienne rivière au-dessous des vannes tranchines, et ce canal est le seul qui existe aujourd'hui : l'autre a été comblé.

La condition imposée au fermier du moulin de Sancey, de laisser trois ou quatre vannes constamment ouvertes, fut modifiée plus tard ou interprétée d'une manière différente; car la sentence de 1632 (1) dit que *sept perthuis*

(1) « A tous ceux qui ces présentes lettres verront, Louis Largentier, chevalier de l'ordre du Roy, gentilhomme ordinaire de sa chambre, baron de Chappelaines, bailly de Troyes, salut, savoir faisons, que en la

et demi devaient être constamment ouverts ; et, comme cette sentence a toujours fait loi, on ne doit pas invoquer l'acte de 1477. Le but devait être en effet d'obliger le propriétaire du moulin de Sancey de laisser entrer, dans la dérivation, assez d'eau pour mettre en mouvement les moulins de tête qui présentaient un front de neuf roues. Quand l'expérience a eu démontré que ces neuf roues exigeaient autant d'eau que sept roues et demie du moulin de Sancey, on aura sans doute modifié l'acte primitif qui se trouvait entaché d'une erreur en ce point.

cause des Maire et Echevins de la ville de Troyes, demandeurs aux fins d'une requeste par eux présentée du vingt-quatrième jour des présents mois et an par Vosdey, substitut de petit-pied contre Sébastien Gouault, Nicolas Denise le jeune, Jean de la Preze, propriétaires des moulins de Sancey, et Jacques le Bey, propriétaire du moulin de Pétail, deffendeurs, comparant le dit Denise en personne et par Hugot, le dit de la Preze par Borgne, le dit le Bey en personne et par Lafitte, et contre le dit Gouault les dits demandeurs par Merille leur avocat, ont requis deffaut second, et sur le profit d'icelluy, comme aussi en l'égard des comparants ont persisté à l'enterrinement de la dite requeste, et en ce faisant qu'il soit dit que les dits propriétaires des moulins de Sancey soient tenus suivant et conformément aux jugements (*) et réglements ci-devant faits, auront toujours sept perthuis et demi d'eau ouverts en leurs moulins, ceux de Pétail deux perthuis (**), sinon et en deffaut de ce faire qu'il sera permis aux dits Maire et Echevins de faire rompre les vannes des dits moulins, pour avoir les dits perthuis d'eau, et qu'ils seront tenus l'un et l'autre de réduire leurs vannes molleresses et fausses vannes à la hauteur de quatre pieds, sans pouvoir attacher planches aux dites vannes, ni mettre cervaux sous icelles : pour n'avoir laissé les dits perthuis d'eau ouverts, qu'ils seront condamnés ès-amendes portées par les dits jugements, avec tous dépens, dommages et intérêts, et en outre que les dits propriétaires de Sancey, seront tenus mettre sur le sureau de la dite décharge ; une semelle à la hauteur des vannes des dits moulins de Sancey, en telle

[*] L un de ces jugements est du 27 octobre 1559.

[**] Il n'est pas douteux qu'il n'y ait ici une erreur, c'était deux pertuis et demi qu'il fallait écrire Nous ne rectifierons pas toutes les erreurs de quantité qui se rencontrent dans cette sentence. Il suffit de savoir qu'il s'agit de sept pertuis et demi d'une part, et deux et demi de l'autre.

Quoi qu'il en soit, la sentence de 1632 ne permet pas
de supposer que les réclamations de la ville portaient à

sorte que l'eau commençant à couler par-dessus les dites vannes des
dits moulins, elle commence aussi à couler par-dessus la dite décharge
des moulins de Sancey. Pour le dit Denise a dit qu'il est propriétaire
pour partie des dits moulins de Sancey, et que par les anciens partages,
réglements et arrêts, il doit laisser trois perthuis d'eau ouverts, des sept
que doivent les dits moulins, ce qu'il a toujours fait, n'ayant pour ce regard rien contrevenu aux réglements, non plus que pour ce qui est de
la hauteur des vannages, lesquels ont été en tout temps en l'état qu'ils
sont, déniant qu'ils doivent être de quatre pieds de hauteur seulement
sur lesquels il n'a mis aucune planche ou cervaux, etc. N'entend-y en
mettre non plus qu'au fond des dits vannages, et pour ce qui est de la
semelle que les dits demandeurs requièrent être mise sur la décharge,
remontre le dit Denise que la dite décharge a été réparée depuis peu, et
que lors il y eut jugement par nous donné qu'il seroit mis une semelle
sur la dite décharge de la hauteur portée par le rapport des prud'hommes par nous nommés, ce qui a été exécuté. Et néanmoins où il sera
jugé à propos mettre encore une semelle sur la dite décharge à cause de
la nécessité des eaux, offre en ce cas le dit Denise contribuer pour sa
part à la dépense qu'il conviendra faire pour la dite semelle, suivant et
à la raison qu'il est tenu de contribuer aux autres réparations par les
anciens réglements et partages, et sous ce que dessus sera renvoyé.

• Le dit le Bey par Collot son avocat, a dit en son égard qu'il accorde
satisfaire aux anciens réglements, ce qui doit commencer par les
détempteurs des moulins de Sancey par eux distribuer les sept perthuis et demi qu'ils doivent, aux moulins de la Moline, le Roy et Pétail, en quoi faisant et satisfaisant à la dite distribution, offre le dit le
Bey aussi distribuer les deux perthuis et demi d'eau qu'il doit distribuer
à cette ville, et tant s'en faut que la dite distribution soit égale. Il est
vrai que des sept perthuis et demi, que les détempteurs des moulins de
Sancey doivent donner aux dits trois moulins, l'un desquels est Pétail
occupé par le dit le Bey, lequel moulin Pétail n'a des dits sept perthuis
et demi que un perthui d'eau au lieu de deux perthuis et demi qu'il doit
avoir, en quoi il souffre grands dépens, dommages et intérêts, parce que
au lieu de trois moulins qui souloient être abreuvés des dits deux perthuis et demi, il n'en a qu'un qui ne tourne que la sixième partie du
jour, par le deffaut d'eau qui procède du deffaut de la distribution égale,
et du curage du heurt et gravier qui est au-dessus du dit moulin de Pétail et au-dessous des dits moulins de Sancey, à côté des vannes tranchines proches la pointe, et sureau des dits moulins qui bornent et

faux, en ce qu'elle aurait demandé de l'eau qui n'existait pas dans la rivière. S'il en avait été ainsi, les propriétaires

limitent les rivières de tous les moulins ; duquel curage les dits Maire et Echevins sont tenus comme étant hors et au-dessus la rivière du dit moulin de Pétail ; laquelle rivière est bornée et limitée comme il a été dit ci-dessus ; et pour lequel curage il prend conclusions contre les dits Maire et Echevins à ce qu'ils soient condamnés à le faire faire incessamment, et pour ne l'avoir fait, en tous dépens, dommages et intérêts, comme procédant le deffaut et manque d'eau par eux prétendu faute d'avoir fait le dit curage, et pour ce qui concerne la hauteur des vannes dit que ces vannes n'ont que quatre pieds au lieu de quatre et demi que les demandeurs prétendent qu'elles doivent avoir, et la grande vanne trois et demi, partant sous ses offres ci-dessus sera renvoyé des conclusions des dits demandeurs avec dépens, dommages et intérêts. Considéré qu'il n'y a aucun deffaut ni retenue d'eau de sa part aux protestations qu'il fait de sommer les propriétaires des dits moulins de Sancey, où il sera insisté par-dessus ses dites offres, sur quoi avons octroyé deffaut contre le dit Gouault au profit duquel tant en son égard que en égard des dits comparants, après qu'ils ont offert entretenir les réglements ci-devant faits pour raison des dits moulins, avons ordonné que les dits réglements seront gardés et entretenus, et en ce faisant que les propriétaires et conducteurs d'iceulx moulins, seront tenus laisser en tout temps savoir ceux de Sancey sept perthuis d'eau ouverts et ceux du moulin de Pétail deux perthuis et demi ouverts. Défense à eux de les boucher ni avaler les vannes de leurs moulins pour empêcher l'effet des ouvertures des dits perthuis à peine de cinq cents livres d'amende, et lesquels propriétaires et conducteurs des dits moulins de Sancey et Pétail seront tenus les jours de dimanche et lundi prochain, laisser toutes les vannes de leurs moulins ouvertes tant de jour que de nuit, autres toutefois que les vannes molleresses, aux mêmes peines, et faute de par les dits propriétaires et conducteurs laisser les dits perthuis d'eau ouverts suivant les réglements et jugements, permis aux dits Maire et Echevins faire rompre tout ce qui pourra empêcher le cours des dits perthuis d'eau, et seront toutes les bondes qui sont sur le canal de la rivière qui vient en ville bouchées, et défense de les rouvrir aux mêmes peines, et sur ce que les dits propriétaires et conducteurs des dits moulins, ont dit que le gravier qui est au-dessus de la pointe de Sancey qu'ils maintiennent les dits Maire et Echevins être tenus de faire curer, empêche que l'eau des dits moulins ne vienne en cette ville, et que les dits Maire et Echevins ont dit que quand ainsi serait, ne sont tenus du curage dudit gravier, mais bien les propriétaires du moulin de Pétail ;

du moulin de Sancey n'auraient pas manqué d'éviter toute condamnation en énonçant un fait aussi simple. Il est d'ailleurs évident qu'en obligeant de maintenir sept vannes et demie levées, lorsqu'il n'y aurait eu d'eau que pour faire tourner trois ou quatre roues, par exemple, il en serait résulté un tort considérable pour le moulin de Sancey, sans aucun bénéfice pour les usines inférieures, attendu que pas une des sept roues n'aurait tourné convenablement. Il eût été contraire à l'esprit d'équité qui se fait remarquer dans les actes de l'administration municipale depuis 1482, d'exiger l'exécution rigoureuse d'une condition qu'on pouvait remplir également sans léser les intérêts du moulin de Sancey, en lui laissant dépenser toute son eau par trois pertuis, s'il n'en avait que pour faire tourner trois roues.

Une autre sentence du 30 juin 1670, consignée sur les registres du greffe de l'hôtel-de-ville, reproduit les mêmes obligations dans les mêmes termes, et nous apprend qu'à cette époque le produit de la rivière, pendant les basses eaux, était encore suffisant pour fournir presque entièrement les sept pertuis et demi d'eau, puisque, y est-il dit :

ordonne que les parties conviendront de gens pour rapporter si le dit gravier peut empêcher l'effet de l'ouverture des dits perthuis, et faire travailler au curage d'iceluy aux frais de ceux qui s'en trouveront tenus, et pour ce faire assignation à demain midy, mandons au premier sergent royal, dudit bailliage sur ce requis il mette à exécution en ce qu'elles gissent à exécuter, de ce faire lui donnons pouvoir et commission.

» Fait et donné au dit Troyes, ès-assises du dit bailliage y tenues communément pour présentation, le lundy d'après l'ascension de Notre Seigneur, vingt-quatrième jour du mois de mai mil six cent trente-deux et les jours suivants pour plaidoiries.

Signé GALLEREY.

» Pour copie conforme : signé GAYOT, conseiller de préfecture.

(*Archives de l'hôtel-de-ville.*)

« Attendu qu'il n'y a à présent qu'un des moulins de Pé-
» tail qui tourne, il sera levé une faulce vanne en place. »

Si le tiers de la rivière se fût écoulé par le coursier d'un
moulin, il faut croire qu'on n'eût pas prescrit inutilement
de lever une vanne nuisible à l'exploitation du moulin de
Pétail.

On dira peut-être que la sentence de 1632, qui est du
24 mai, et même celle de 1670 ne prouvent rien quant
au volume des basses eaux, attendu qu'il n'est pas ordinaire que le plus bas étiage de la rivière ait lieu à cette
époque de l'année. Nous convenons que, si l'on juge d'a-
près ce qui se passe aujourd'hui, l'objection ne manque
pas de force. Mais est-il donc impossible que, dans ces
années, la disette d'eau se soit fait sentir plus tôt qu'à l'ordinaire? Et qu'on remarque bien que les termes de ces
sentences sont absolus, et qu'ils n'expriment jamais de
doute sur la possibilité d'exécuter à la lettre, en quelque
temps que ce soit, les réglements sur le volume d'eau à
introduire dans la dérivation!

Au surplus ces pièces sont citées, non à titre de preuves
irrécusables, mais pour établir, par des probabilités suffi-
santes, un lien qui soit, entre le temps de l'empereur
Julien et le nôtre, une expression de l'échelle décroissante
du produit des basses eaux.

Cette quantité de sept pertuis et demi d'eau, relatée dans
plusieurs actes, et notamment dans la sentence du 24 mai
1632, que nous avons citée textuellement, a engagé plusieurs
personnes, qui se sont occupées de cette matière, à rechercher la valeur du volume du pertuis. Dans un rapport fait
en 1818, M. Crozet, ingénieur des ponts et chaussées,
s'exprime ainsi :

« On va démontrer que le système des eaux de la ville qui avait été si bien combiné, avance tous les jours vers sa destruction.

» Un arrêt du conseil d'Etat du 12 mai 1733, décide : « Qu'il y aura toujours au moins vingt pouces d'eau dans » les canaux de la ville, pour le service des usines, manu- » factures, tanneries, etc. » Aujourd'hui il y en a envi- ron huit pouces, lorsque les vannes du grand ru sont levées.

» D'après deux sentences du bailliage de Troyes, l'une du 27 octobre 1539, l'autre du 24 mai 1632, le proprié- taire du moulin de Pétail est tenu de fournir en tout temps deux pertuis et demi d'eau, « afin, y est-il dit, que » les canaux et traversins de la ville soient toujours pourvus » d'une eau courante. »

» On assure que le moulin de Pétail ne fournit plus la même quantité d'eau qu'autrefois, et je n'ai pu parvenir à connaître la valeur de la mesure désignée dans ces cir- constances sous le nom de pertuis. »

L'opinion de M. Crozet était, comme on le voit, que le régime artificiel des eaux, créé par les comtes de Cham- pagne, menaçait ruine. Mais il attribuait cette décadence aux abus qui s'étaient glissés dans la distribution, tandis qu'il est probable qu'elle est due, en grande partie, à la cause naturelle que nous avons déjà signalée, la diminu- tion du produit de la rivière pendant l'étiage. En 1820, M. Masson, ingénieur des ponts et chaussées, supposait au mal croissant de jour en jour, la même cause que M. Crozet, et proposait d'y remédier par des moyens qui, nous le croyons, auraient été insuffisants. Ces ingénieurs n'avaient pas eu le temps de se livrer, comme nous l'a-

vous fait, à de longues et fatigantes recherches, et de reconnaître par là combien la plaie était profonde.

Quant à la mesure du pertuis, nous croyons pouvoir
en donner la valeur, ce qui du reste n'offre aujourd'hui
qu'un intérêt secondaire.

L'habitude de quelques ingénieurs était autrefois de mesurer l'eau courante par sa section d'écoulement, sans tenir
compte de la charge du liquide au-dessus de l'orifice. A
chaque pas, en parcourant les archives de l'hôtel-de-ville
et du département de l'Aube, on en trouve la preuve.
Ainsi un pied d'eau signifiait une section d'un pied carré,
dans laquelle l'eau s'écoulait avec une vitesse dont il n'é-
tait pas tenu compte. Les idées étaient encore si peu ar-
rêtées sur les lois de l'hydrodynamique, qu'il arrivait souvent de comparer entre eux deux orifices d'écoulement
placés à différentes distances au-dessous du niveau de l'eau,
sans que l'on s'inquiétât d'autre chose que de la superficie
de ces orifices.

D'après cela, il est très-facile d'admettre que les pertuis
dont il est ici question, n'étaient autre chose que l'ouverture que présentaient à l'écoulement du liquide les vannes du moulin de Sancey, lorsqu'elles étaient levées au
nombre de sept et demie : c'est d'ailleurs implicitement exprimé dans la sentence du 24 mai 1632. Cette appréciation, il est vrai, ne présente à l'esprit rien de satisfaisant
relativement au volume d'eau écoulé. Cependant il est incontestable qu'il était du plus grand intérêt pour les usines
de la dérivation et pour la ville de Troyes, que la section
d'écoulement présentée par les sept pertuis et demi fût
toujours ouverte ; car la clôture d'un ou de plusieurs de
ces pertuis aurait produit un effet semblable à celui qui

4

serait résulté d'un rétrécissement du canal, c'est-à-dire un remous nuisible à l'écoulement du liquide.

Dans les sentences on n'a donc pas prétendu cuber le volume d'eau qui devait être fourni à la dérivation, mais bien établir un état, une manière d'être relative du canal d'écoulement.

§ II. — *Moulin de Pétail.*

Le volume de l'eau passant par un pertuis, en supposant qu'ils fussent tous de même largeur, nous est donné par le moulin de Pétail, autrefois appelé Pestail ou Pétaux suivant les temps. Le sieur le Bey dit, dans la sentence de 1632, que le moulin de Pétail, « n'a des dits sept perthuis »et demi que un perthuis d'eau, au lieu de deux perthuis et » demi qu'il doit avoir, et, qu'au lieu de trois moulins qui »souloient être abreuvés, il n'y en a qu'un qui ne tourne »que la sixième partie du jour. » Deux pertuis et demi suffisaient par conséquent pour faire tourner ses trois moulins, et comme il est établi par la même sentence que la hauteur des vannes était de quatre pieds (1m 30), on aura le volume de l'eau qui faisait alors tourner les moulins sous cette hauteur de chute, si l'on connaît la force théorique absorbée par les roues hydrauliques pour produire ce travail. Nous pensons que si le moulin de Pétail, qui paraît être resté dans le même état depuis deux siècles, avait subi quelques changements, il en a dû résulter une amélioration dans son mécanisme. Par conséquent, en estimant la force dépensée en 1632, au même chiffre que celle absorbée aujourd'hui par ce moulin, nous ne craignons pas de tomber dans une exagération vicieuse.

Une expérience que nous avons faite avec soin sur ce moulin, établit que la force théorique nécessaire pour faire

tourner à leur vitesse ordinaire, les trois roues hydrauliques en dessous, à aubes planes, qui le composent, est de
64 chevaux de 75^k élevés à un mètre de hauteur par seconde. Ces trois roues mettent en mouvement trois paires
de meules, qui roulaient sur grain au moment de l'expérience (1). Une hauteur totale de chute de 1^m 30, réduite à
1^m 10 environ au-dessus du centre des orifices, à cause de
la semelle placée sur le seuil des vannes, exigerait, pour
produire le même effet dynamique, un volume d'eau donné

par l'expression $\dfrac{64 \times 0^m 075}{1^m 10} = 4^m 363$ cubes; ce qui

est à peu près le volume d'eau que le moulin de Pétail

---

(1) Le moulin de Pétail renferme trois paires de meules de 2 mètres de
diamètre, capables de moudre chacune un hectolitre de blé par heure, dans les
conditions où elles se trouvaient au moment de l'expérience. Elles sont mises
en mouvement par trois roues en dessous à palettes planes, légèrement incli-
nées sur le rayon. Les deux roues extrêmes sont placées près du vannage ;
celle du centre en est éloignée de six mètres. Des semelles de 0^m 08 d'épaisseur sont placées sur le seuil des vannes motrices. La hauteur de l'eau sur ces
semelles était de 2^m 292 en amont et de 0^m 32 en aval, d'où l'on déduit la
charge du liquide égale à 1^m 972.

La vanne de droite a entre les potilles, une largeur de 1^m 08, et était levée
de 0^m 19.

La vanne du centre a 1^m 27 de largeur et était levée de 0^m 22.

La vanne de gauche a 1^m 125 de largeur et était levée de 0^m 15.

En appliquant la formule ordinaire : $Q = 0,60 \ L \ E \sqrt{2 g \ H}$ pour trouver
la dépense de liquide par chaque pertuis, dans une seconde, et dans laquelle:

        Q est la dépense en mètres cubes,

        L la largeur de l'orifice,

        E sa hauteur,

        H la différence des charges d'eau sur l'orifice en amont et en aval,

        2 g = 19,62,

        0,60 un coefficient de contraction applicable au cas dont il s'agit,

versait en tout temps dans le canal des Trévois. On sent qu'il eût été inutile de prescrire d'y verser cette quantité, si elle n'eût pas existé dans la rivière.

Le cube de l'eau passant par les moulins de Pétail se trouvant être le tiers de celui qui s'écoulait par les vannes du moulin de Sancey, ce dernier devenait alors égal à $4^{m} 363 \times 3 = 13^{m} 089$ cubes; et, par conséquent le volume fourni par chaque pertuis, ou pour nous servir de l'expression de la sentence, le *perthuis d'eau* était égal à $\dfrac{13^{m} 089}{7,5} = 1^{m} 745$ cubes par seconde. Nous laissons chacun libre de faire sur ce chiffre la réduction qui lui paraîtra nécessaire, tant parce que les moulins de Pétail ne marchaient peut-être pas à toute leur vitesse pendant l'été, que parce que les moulins le Roy et la Moline n'employaient peut-être pas autant d'eau que les premiers. Nous ferons seulement observer, que dans toutes les sentences il est trop clairement exprimé que le tiers bien

On a pour la dépense effective en une seconde :

1er Pertuis $Q = 0,60 \times 1^{m} 08 \times 0^{m} 19 \times \sqrt{19,62 \times 1^{m} 972} = 0^{m} 765$

2e Pertuis $Q = 0,60 \times 1^{m} 27 \times 0^{m} 22 \times \sqrt{19,62 \times 1^{m} 972} = 1^{m} 042$

3e Pertuis $Q = 0,60 \times 1^{m} 125 \times 0^{m} 15 \times \sqrt{19,62 \times 1^{m} 972} = 0^{m} 629$

Dépense totale pour les trois roues. . . . . $2^{m} 436$

La force hydraulique employée par les trois moulins devient alors, en chevaux de 75 kilogrammes élevés à $1^{m} 00$ de hauteur par seconde :

1er Moulin $\dfrac{765^{k} \times 1^{m} 972}{75} = 20$ ch. 11

2e Moulin $\dfrac{1042^{k} \times 1^{m} 972}{75} = 27$ ch. 39

3e Moulin $\dfrac{629^{k} \times 1^{m} 972}{75} = 16$ ch. 55

Total. . . . 64 ch. 05

juste de l'eau écoulée par les vannes de Sancey appartenait au moulin de Pétail, pour qu'il soit permis de supposer qu'on n'apportait pas alors plus d'apathie et de négligence dans le partage, qu'on ne le fait aujourd'hui; trop d'intérêts y étaient engagés. Nous nous en tenons donc à la logique des chiffres.

Si, en regard de ce résultat qui, au milieu du dix-septième siècle, fait produire à la Seine douze à treize mètres cubes d'eau par seconde en temps d'étiage, **nous plaçons** celui qu'on obtient aujourd'hui, on verra que les choses sont bien changées.

Nous tenons du propriétaire du moulin de Pétail que, l'année dernière, dans les basses eaux, il lui est arrivé fréquemment de ne lever que de 0^m 16 la vanne de gauche. Les compensations entre les trois usines se faisaient assez bien pour que l'on puisse considérer le partage par tiers comme ayant eu lieu rigoureusement.

Dans cet état de la rivière, les usines travaillaient par éclusées de six heures et attendaient l'eau pendant deux heures, en d'autres termes elles travaillaient les trois quarts du temps. Ordinairement la tête d'eau avait 2^m 00 de hauteur au-dessus du seuil, lorsque l'on commençait à tourner, et, à l'expiration des six heures de travail, elle se trouvait réduite communément à 1^m 00 de hauteur. Ces données nous indiquent que le volume d'eau fourni par seconde n'a été que de quinze cents litres, ou environ le huitième de ce qu'il était il y a deux siècles (1).

_____

(1) Le volume d'eau qui passe par l'orifice pendant la première seconde de travail est donné par l'expression. (*Voir la formule, page 51.*)

$$0,60 \times 1^m 125 \times 0^m 16 \times \sqrt{19,62 \times 1^m 92} = 0^m 665 \text{ cube.}$$

Celui qui s'écoule pendant la dernière seconde est exprimé par :

$$0,60 \times 1^m 125 \times c^m 16 \times \sqrt{19,62 \times 0^m 92} = 0^m 459 \text{ cube.}$$

L'année 1840 a été exceptionnelle, et il y a tout lieu
d'espérer que de long-temps on ne verra de sécheresse
aussi forte. Toutefois, si l'on a bien compris ce que nous
avons dit jusqu'à présent sur l'altération progressive de l'é-
tat moyen de la rivière, on restera persuadé que tôt ou tard
le même effet se reproduira périodiquement. Mais n'anti-
cipons pas sur l'avenir, et voyons quel est communément
l'étiage moyen de la rivière. Il est de notoriété publique que
lorsque la roue de gauche du moulin de Pétail tourne
continuellement pendant les sécheresses, les eaux sont
bonnes. Or, dans cet état de choses, cette roue dépense
au plus 0^m 70 cubes par seconde, ce qui porte à 2^m 10
cubes l'écoulement par les pertuis des trois usines ; nous
accorderons, pour être large dans nos calculs, qu'il se fait
une perte de 0^m 40 cube dans le biez, et nous arriverons
au chiffre de 2^m 50 cubes pour le plus fort produit actuel
de la rivière en temps d'étiage, ou un cinquième de celui
trouvé il y a deux cents ans. Hâtons-nous d'ajouter que
cette disette extrême d'eau ne se fait guère sentir que pendant un mois.

L'on pourrait nous objecter, que nous prenons pour
terme de comparaison un produit hypothétique de la ri-

La moyenne entre ces deux quantités, ou 0^m 561 cube, ne s'écarte pas assez
de la moyenne théorique de l'écoulement, pour qu'elle ne puisse être adoptée
en l'absence des observations nécessaires pour appliquer une formule rigoureuse. Mais cette quantité de 0^m 561 exprime le volume moyen d'eau dépensé
par chaque seconde de travail, et non celui qui est apporté uniformément par
la rivière et qui n'est que les trois quarts de celui-ci, ou 0^m 421. D'où l'on déduit la dépense totale des trois usines de tête = 0^m 421 × 3 = 1^m 263 cube
par seconde. Il est vrai que le mauvais état du déversoir de Saint-Julien laissait perdre une partie du produit de la rivière. Si nous portons en faveur de
cette déperdition le volume total de l'eau affluente à un mètre et demi cube
par seconde, nous aurons un résultat très-rapproché de la vérité.

vière dans le dix-septième siècle. A cela nous répondrons que notre comparaison n'est pas rigoureusement mathématique, puisque nous ne connaissons pas au juste le produit de la rivière en mai 1632, ni en juin 1670. La seule chose que nous ayons voulu prouver, c'est qu'il y avait évidemment diminution du volume de l'eau pendant l'étiage, et cette vérité nous semble suffisamment démontrée maintenant : car en admettant, même par impossible, que le chiffre du produit ancien dût être réduit de moitié, il n'en serait pas moins constant que la diminution du volume serait encore des trois cinquièmes.

Comme les sentences ne font aucune distinction entre les trois moulins de Pétail, il semblerait que tous étaient à grain ; mais il y a cinquante ans, l'un d'eux était à foulon. On aurait cependant tort d'en conclure qu'il en a toujours été ainsi, rien n'était plus ordinaire que les changements de destination dans ces usines. Il est même probable que ces moulins ont autrefois servi de papeterie.

§ III. — *Moulin le Roy.*

Nous suivrons, dans l'examen détaillé du régime des usines, le même ordre que nous avons adopté dans la description des travaux de la dérivation.

Le moulin le Roy, qui a de tout temps été consacré à la fabrication du papier, doit, par sa position, avoir son seuil au même niveau que celui de Pétail. Il y a aujourd'hui une petite différence, qui ne peut venir que des moyens imparfaits autrefois employés pour établir les hauteurs de niveau à chaque changement de seuil ou sureau, les experts ne faisant jamais concorder la nouvelle pose avec les sureaux des moulins en communauté d'eau.

Deux procès-verbaux de pose de ces sureaux, l'un du 6 août 1667, et l'autre du 20 septembre 1734, sont tout ce que nous avons trouvé de documents relatifs à ce moulin, qui n'a maintenant que deux roues, mais qui en avait évidemment trois autrefois. L'une des anciennes vannes motrices sert aujourd'hui de vanne de décharge. Une petite roue a été ajoutée depuis peu de temps, mais elle doit être enlevée cette année, parce que, contrairement aux réglements et à l'usage, son eau s'écoule par le ruisseau la Nagère, au lieu de s'écouler par le sous-biez du moulin. Or la Nagère ne doit recevoir que l'eau des bondes, avec d'autant plus de raison que son lit est en même temps le seul chemin d'exploitation que possèdent les cultivateurs riverains. La hauteur de la chute du moulin doit être d'ailleurs de 1^m 30, comme dans toutes les autres usines.

§ IV. — Moulin de la Moline.

Le moulin de la Moline, placé en tête de la troisième ligne de la dérivation devrait, comme celui de le Roy, avoir son seuil au même niveau que le seuil du moulin de Pétail. Il en diffère également de quelques centimètres, sans que l'on puisse attribuer cette différence à une autre cause que celle indiquée plus haut. Le procès-verbal de pose du 21 juin 1714, donne à cette opinion une nouvelle force (1).

(1) On y lit: « L'ancien sureau a 29 pieds de long, est entièrement usé et hors d'état de pouvoir servir: examen pris, les repères des deux bouts, après avoir mesuré ledit ancien sureau qui ne s'est trouvé d'épaisseur que de dix pouces et demi pour autant qu'il en reste, le fort portant le faible, ont marqué le repère du sureau qui est à poser à quatre pieds au-dessus, y compris trois pouces de l'usé, en sorte que le nouveau sureau qui sera posé sera au-dessous dudit repère de quatre pieds de Roy. »   (*Archives de l'hôtel-de-ville.*)

Bien que ce moulin n'ait aujourd'hui, comme celui de
le Roy, que deux roues, l'usage et la sentence de 1632
ont cependant consacré le partage de la force motrice par
tiers entre les trois usines de tête. D'ailleurs, la disposition du vannage indique également qu'il existait autrefois trois roues hydrauliques.

Nous ne pouvons passer sous silence les dispositions d'une
ordonnance des Maire et Echevins du 4 décemb. 1788, qui
défend aux propriétaires de toutes les bondes et usines
autres que celles à moudre grain, d'employer aucune partie de l'eau de la Seine réservée à ces dernières usines. On y
trouve le passage suivant : « Et nommément défense aux
propriétaires des moulins le Roy et Notre-Dame de faire
tourner ces moulins, pour que toute l'eau passe par les
usines de Pétail et de la Moline, que le moulin de Pétail
sera contraint de laisser passer, soit par ses vannes molleresses, soit par ses vannes de décharge, la quantité de 15
pouces d'eau, et le moulin de la Moline, celle de 23 pouces, ainsi que celui de la Rave (1). »

Nous ne citons pas ce passage pour invoquer en faveur
des mêmes usines le privilége que leur concédait cette ordonnance ; nous croyons, au contraire, que sous l'empire
des nouvelles idées qui ont pris naissance au sein du progrès
dont notre époque s'énorgueillit avec raison, une telle distinction serait éminemment injuste. Il n'y a plus nécessité
impérieuse de faire moudre les grains par un moteur hydraulique, et cette industrie doit rentrer par conséquent sous
la loi commune. Mais cette ordonnance prouve, comme
nous l'avons déjà dit, que les Maire et Echevins avaient un
pouvoir presque discrétionnaire pour régler l'usage de

(1) *Archives de l'hôtel-de-ville.*

l'eau de la dérivation, de la manière qui leur semblait la plus profitable. La dérivation enfin était un domaine public, administré par les tuteurs de la communauté.

§ V. — *Moulins de la Rave et de Notre-Dame.*

Ces deux moulins sans être en communauté d'eau, doivent cependant avoir les seuils de leurs vannes au même niveau, parce que la chute dont ils disposent est rigoureusement limitée par les deux moulins placés au-dessus, et le déversoir du gouffre ou de la Planche-Clément, situé au-dessous. Nous n'avons rien à ajouter à ce que nous en avons déjà dit, en parlant du moulin de la Moline.

§ VI. — *Moulin de Paresse.*

L'existence légale de ce moulin a été si souvent controversée, que nous croyons devoir, dans l'intérêt de la justice, nous expliquer un peu longuement sur ce qui le concerne. On peut dire que c'est le point le plus litigieux de la distribution des eaux de la Seine, et nous serions heureux de pouvoir contribuer à mettre fin aux contestations auxquelles donne lieu sa fondation mal expliquée.

Grosley n'a pas peu contribué à induire en erreur les personnes qui se sont préoccupées de l'existence de ce moulin. Écrivant à une époque déjà éloignée de nous, vers 1760, et qui par conséquent se rapprochait davantage de celle dont les faits sont pour nous si voilés, il devait inspirer la confiance qu'il a acquise. L'origine qu'il attribue au moulin de Paresse dans ses *Ephémérides*, s'est introduite comme une vérité historique que nous n'essaierons de combattre que les preuves en main (1).

(1) Voici comment s'exprime Grosley, page 77 et suiv., tome II. « Il y

A une époque antérieure à 1556, le roi fit construire, pour fabriquer ses poudres, un moulin appelé de la Rothière qui prenait son eau au-dessous du moulin de Pétail. Aucun document ne nous donne, à défaut de la date, le nom du roi qui fut le fondateur de ce moulin, ou qui plutôt en imposa la charge à la ville de Troyes. Néanmoins, comme il n'a pu exister avant que la poudre ne fût inventée, il est constant que sa construction est d'une date plus récente que celle de toutes les autres usines de deux siècles au

avait une décharge pour les grandes eaux ; et l'Hôtel-Dieu fit construire sur cette décharge un moulin qui tirait parti de l'excédant de l'eau, qui dans les basses eaux, c'est-à-dire pendant quatre à cinq mois de l'année était à sec, et que, par cette raison, on appelle encore le moulin de Paresse.

» Toutes les personnes âgées de 40 ans se souviennent d'avoir vu, pendant tous les étés, le sureau de ce moulin élevé à sec au-dessus des eaux du canal. Par un arrangement pris lors de l'apposition du dernier sureau les choses ont changé. Ce sureau est toujours sous l'eau, même dans les grandes sécheresses, et le moulin travaillant en tout temps, détourne et enlève l'eau destinée pour l'abreuvement des canaux répandus dans la ville.

» .... A l'égard du sureau du moulin de Paresse, nous tenons du père des frères Boulla, auteur très-grave sur ces objets, qu'avant l'abaissement de ce sureau, le grand canal ne devait donner d'eau à ce moulin, que lorsqu'il était assez plein, pour que l'eau perlât sur le sureau de pierre qui fait partie du vannage de Croncels.

» Au moyen de cet arrangement le moulin de Paresse se trouvait à sec dans tout le temps des basses eaux, et les canaux de la ville avaient toute l'eau que le grand canal leur devait fournir. De là le peu de ressource et l'inutilité même de ce moulin pour l'Hôtel-Dieu auquel il appartient, et qui par contrat d'accencissement du 27 octobre 1690, l'avait abandonné avec un moulin à blanchir, une maison et d'autres bâtiments ; avec un jardin, pré et terres en dépendant, le tout formant enclos ; enfin avec la pêche du grand canal, depuis le pont des champs jusqu'aux fossés de la ville, moyennant une redevance de cinq cents livres.

» ...... En un mot, l'objet capital de la distribution de la Seine a été de donner de l'eau aux canaux de la ville, surtout en été : tout ce qui peut la divertir, est contraire au bien public, qui a dirigé cette savante distribution.

(*Edition de M. Patris-Dubreuil.*)

moins; car, si nous en croyons l'abbé Feller, l'usage des armes à feu ne s'introduisit en France que vers 1330 (1). Voilà une origine très-différente de celle indiquée par Grosley et qui paraît plus rapprochée de la vérité. Il n'est question du droit de propriété de l'Hôtel-Dieu dans aucun des jugements rendus sur ce moulin, pendant le seizième siècle.

Il existe, au contraire, un arrêt du conseil d'Etat du 18 juin 1556, qui condamne les Maire et Echevins de la ville de Troyes à faire construire, au-dessous de la ville, un nouveau moulin à poudre, à Nicolas Bourdel, canonnier du roi, au lieu du moulin de la Rothière, que ledit Bourdel ne trouve pas convenable pour battre ses poudres, et assigne, pour subvenir aux frais de construction, les deniers provenant des octrois de la ville.

Cet arrêt n'eut aucun effet, et au mois d'août suivant MM. les Maire et Echevins voulurent, d'autorité, faire « rehausser le branchis qui est au-devant dudit moulin » d'un demi pied et plus, » d'où signification faite par le sieur Nicolas Bourdel, pour qu'ils eussent à faire cesser ces travaux.

Les Maire et Echevins faisaient là évidemment acte de propriétaires.

Le 12 novembre suivant, une descente d'experts eut lieu pour constater si le moulin de la Rothière n'employait pas plus d'eau qu'il n'en avait besoin, et par conséquent s'il n'y avait pas lieu d'exhausser le branchis ou déversoir. Il fut reconnu (2) qu'il passait « huict poulces d'eaue au-

____

(1) Voyez le *Dictionnaire Biographique*, article Schwartz.

(2) Procès-verbal dans lequel on lit : « Lequel molin a esté trouvé tornant et a esté mesuré la haulteur de l'eaue passant au-dessus du branchis du dit molin, par lequel mesurege faicte en présence des dictz notaires et aussi en pré-

»dessus dudit brunchis, » ce qui n'était que suffisant pour faire tourner le moulin.

Dans une autre visite du 5 mai 1557, la longueur du bronchis fut trouvée de 15 pieds (1), ce qui nous autorise à avancer que le moulin de la Rothière absorbait à son profit le quart de l'eau qui avait mis en mouvement le moulin de Pétail, lorsque l'un et l'autre ne recevaient que la quantité qui leur était nécessaire.

sence du dict Bourdel et des autres susnommés par le dict Mauroy, charpentier, a esté trouvée la dicte haulteur de huict poulces d'eaue au-dessus du dict brunchis étant devant le molin et que l'eaue est suffisante pour faire torner le dict molin et de fait tornait suffisamment. »

(*Archives de l'hôtel-de-ville.*)

(1) Il n'est pas permis de douter qu'avec une hauteur d'eau de 0ᵐ 216 sur un déversoir ayant 4ᵐ 87 de longueur, le meunier ne fût obligé de tenir l'eau en aval du déversoir en contre-bas du couronnement, et que par conséquent l'écoulement n'eût lieu suivant la loi ordinaire. Cette hypothèse nous permet de calculer assez exactement le volume d'eau qu'exigeait le moulin de l'aresse en 1557, pour atteindre le but qu'on s'était proposé.

La hauteur de l'eau ayant été mesurée directement sur le couronnement, où il y a, comme on sait, déclivité de la nappe fluide, doit être multipliée par 1ᵐ 178 pour avoir la hauteur du niveau général du bassin au-dessus de ce couronnement; cette hauteur devient alors 0ᵐ 216 × 1,178 = 0ᵐ 254.

En employant la formule de Morin,

$$Q = 0,58 \ L \ H \sqrt{2 g H}$$

Dans laquelle,

Q est le volume en mètres cubes,

L la largeur du déversoir,

H la hauteur du niveau général du réservoir au-dessus du couronnement du déversoir,

2 g = 19, 62

0, 58 Un coefficient appartenant à l'épaisseur de la tranche liquide ;

On a pour le volume d'eau écoulé dans une seconde :

$$Q = 0,58 \times 4ᵐ 87 \times 0ᵐ 254 \times \sqrt{19,62 \times 0ᵐ 254} = 1ᵐ 048 \ \text{cube};$$

Le sieur Bourdel, détenteur, à quelque titre que ce fût, du moulin de la Rothière, était tellement fort de son droit, que le 13 août 1557, il assignait de nouveau les Maire et Echevins, par-devant le lieutenant général au bailliage de Troyes, pour qu'ils eussent à lui fournir l'eau nécessaire à son moulin.

Par sentence du bailliage, intervenue le 16 octobre suivant, une visite d'experts fut ordonnée pour reconnaître si le moulin de la Rothière était hors d'état de servir au sieur Bourdel, canonnier du roi, auquel cas, les Maire et Echevins étaient condamnés à lui donner le moulin de St-Quentin, pour battre ses poudres à canon.

Une ordonnance de la chambre de l'échevinage, en date du 11 novembre de la même année, nous prouve qu'une transaction termina ce conflit. Des matériaux furent payés par la ville pour la réparation du bronchis, et le sieur Bourdel continua son exploitation.

Néanmoins, quelques années plus tard, le manque d'eau ralluma la dispute, et le 5 août 1566 une nouvelle visite

___

ou les vingt-quatre centièmes de la quantité d'eau que le moulin de Pétail versait dans le canal des Trévois, lorsqu'il était dans les conditions de fonction régulière. (V. page 52.)

Ne pas admettre avec nous que le niveau de l'eau en aval du déversoir était au-dessous du couronnement, ce serait supposer la réduction de la force motrice du moulin, parce que la hauteur de chute que l'on aurait gagnée n'aurait jamais fait une compensation suffisante au volume d'eau qui se serait écoulé en moins. Il suffira d'un instant de réflexion pour reconnaître que la base que nous avons adoptée est la seule admissible; car si rien n'indique que la roue du moulin de la Rothière était aussi large que les autres roues de la dérivation, rien n'indique non plus qu'elle fût plus étroite, et la relation remarquable qui existe, ainsi qu'on le verra plus loin, entre la somme des forces dépensées par les moulins de la Tour et de la Rothière, et celle employée par le moulin de Pétail, nous fait une loi de persister dans notre opinion.

avait lieu pour rechercher les moyens de concilier les parties (1).

(1) Nous allons donner copie d'un extrait du procès-verbal de cette visite, à défaut d'une copie du procès-verbal que nous n'avons pu trouver.

« .... Bourdel qui avait le moulin destiné pour faire la poudre à canon, dit que si le surot était rehaussé, ledit Bourdel ne pourroit pas avoir eau en son moulin.

» .... A requis que le niveau fût veu et visité par gens à ce connoissans pour faire leur rapport, si à la hauteur du surot qui était de présent, il peut y avoir eau suffisamment à la ville ; et où il n'y en aurait suffisamment, offre qu'il en soit bâillé ce qu'il appartient et que le reste soit délaissé au dit Bourdel pour son dit moulin, qui est pour servir au bien public.

» .... La ville prétendait que le surot existant était trop bas, qu'il devait être rehaussé et mis dans l'endroit où il y avait des mortaises au-dessus.

» .... M. le procureur du roy a dit qu'il convenait faire les opérations nécessaires pour connoître si le surot restant dans l'état où il étoit, il y auroit eau suffisante tant pour le moulin que la commodité de la ville.

» .... Jugement sur les dires par lesquels il a été ordonné, que par les visiteurs appelés le surot et bronchis dont est question sera visité pour faire raport s'il est à la hauteur et selon la forme ancienne, et que par ci-devant il souloit être, et que si mettant le dit surot à la hauteur des mortaises et anciens repaires il pouvoit avoir eau suffisamment pour moudre le dit moulin, et aussi pour la nécessité de la ville ; ou s'il est de nécessité tant pour le dit moulin que pour la ville de laisser le dit surot en la forme et manière qu'il est de présent ; et s'il est nécessaire de curer les fossés d'alentour du dit moulin, tant au-dessus qu'au-dessous du moulin pour y avoir plus grande abondance d'eau.

» Rapport des experts.

» Ont veu et visité le surot ou niveau étant devant les vannes du moulin, qui départ l'eau allant à la ville et au dit moulin, et en ce faisant reconnu que l'on avoit ravallé et rabaissé depuis peu de temps en ça le dit surot ou niveau de deux pieds deux pouces ou environ, parce que le surot ou niveau ancien qui étoit au-devant du moulin a toujours été à la hauteur de la mortaise qui est à bas eau d'un poteau où est de présent attaché le dit surot. Et encore ont veu et conçu par la fréquentation qu'ils ont faite au dit moulin dès long temps que au-dessus du surot ou coulis ancien y avoit une semelle de bois d'épaisseur de deux pouces à bas eau et à mont eau d'un pouce, pour ce que le dit coulis ou surot ancien étant encore en la mortaise, ne pouvoit la dite ville avoir eau en suffisance pour la commodité d'icelle, et est la dite mortaise l'ancien repaire

Il en résulta que le moulin de la Rothière fut provisoirement privé d'eau et que son sureau ou le couronnement

du dit surot ou coulis ancien; et s'il n'est remis en la forme qu'il étoit par ci-
devant et jusqu'à la hauteur de la mortaise et ancien repaire, la dite ville ne
pourroit avoir eau pour ses nécessités du moins si peu que rien, tellement que
plusieurs ruisseaux demeureroient à sec et sans eau, mesmement en la Grande-
Tannerie, Petite-Tannerie et plusieurs autres endroits où néanmoins il est requis avoir eau, à cause des métiers qui le requièrent et sans y avoir eau pourra
être engendré une grande infection audit Troyes ; enfin ne pourroit obvier à
inconvénient de feu qui pourroit subvenir.

» Jugement du 7 août.

» Disons que les bronchis, surot et vannage du moulin de la Rothière seroient
par experts réduits et arrêtés à telle hauteur et raison que l'eau et rivière descen-
dante en la ville de Troyes et en partie au moulin, distribution sera faite tant
à la dite ville, qu'au dit moulin, ayant égard à la rareté de l'eau qui est de présent, et aux nécessités des parties et ce, par manière de provision et jusqu'à ce
qu'il en soit autrement ordonné, sauf aux parties telle autre réquisition que
de raison avec deffense, à peine de prison et d'amende, de changer ce qui seroit
fait et arrêté par les experts.

» Rapport d'autres experts :

» ....· Disent qu'il est nécessaire de se transporter au moulin de Pétail
au-dessus du moulin de la Rothière pour voir et visiter l'eau y affluant laquelle
descend en la ville, et si les vannes et vannages du dit moulin de Pétail ne
sont point de plus grande hauteur qu'il est ordonné par les réglemens de police faits pour les moulins étant sur le cours de la rivière, et si besoin est de faire
lever les vannes du dit moulin pour avoir connoissance de l'eau qui afflue et
peut descendre de présent au moulin de la Rothière

» On se transporte au moulin de Pétail, les experts rapportent :

» ....• La hauteur des vannes, ce qu'elles doivent avoir de hauteur, disent que étant trop hautes elles retiennent plus d'eau qu'elles n'en doivent
avoir.

» Ensuite descendus au moulin de la Rothière, il se fait mesurage et nivelage
de l'eau passant par-dessus le dit coulis ou bronchis, ont fait lever les vannes,
et icelles levées ont été visiter les ruisseaux et traversins étant dans la ville ;
et ont raporté après leur visite.

» Ont reconnu que la grande vanne et trois fausses vannes du moulin de Pétail sont trop hautes, qu'elles ne doivent avoir que quatre pieds de haut à pren-

du déversoir qui le sépare du canal des Trévois fut exhaussé d'une quantité fixée à deux pieds deux pouces, dans la copie du jugement, mais qu'il y a tout lieu de croire moins consi-

dre dessus le surot suivant le réglement, ce qui fait qu'au moulin il y a gêne et rétention d'eau, qu'il faut les réformer ; que le surot ou coulis du moulin de la Rothière au-devant du vannage est trop bas, que l'eau de la rivière passant le dit surot ou coulis n'est de hauteur que de quatre pouces, de laquelle eau le moulin n'a seu tourner que environ deux quarts d'heure, que l'eau passant seulement de ces quatre pouces est inutile et perdue pour le dit moulin, cette quantité ne pouvant le faire tourner, et est de même l'eau inutile et perdue pour l'usage de la ville, parce que les dits quatre pouces d'eau n'entrent ni ne fluent en la dite ville, que les ruisseaux ne sont aucunement abreuvés, ce qui est grand dommage, ni ayant aucune eau pour l'usage des teintureries, tanneurs, parcheminiers qui se servent des dits ruisseaux, de sorte que en aucuns il n'y avait point d'eau et en d'autres bien peu, ce qui engendre putréfaction, ce qui pourrait causer une peste, et s'il y avait un commencement de feu ne pourrait subvenir au couvement.

» Pour ce, sont tenus de mettre une pièce de bois de deux pieds deux pouces sur le surot ou coulis du dit moulin de la Rothière. Qu'il faut curer les ruisseaux et traversins, mais que quand les curages seroient faits il ne peut y avoir plus grande quantité d'eau au dit moulin de la Rothière qu'il n'y avoit lors, ains plutôt moins.

» Sentence du 8 août.

» Ordonne par provision qu'il sera mis une pièce de bois sur le surot, afin que l'eau qui descendoit par le surot ou coulis pût fluer et descendre aux fossés, ruisseaux et traversins de la ville, afin de les abreuver pour l'utilité et nécessité des tanneurs, teinturiers, foulons, laines, parcheminiers et autres métiers habitués et demeurants aux dits lieux, prévenir aux dangers de feu, et obvier aux inconvéniens de peste qui pourroient advenir attendu que l'eau passant par le coulis ou bronchis est perdue inutile, et ne peut faire tourner le dit moulin ainsi qu'il est contenu au rapport des experts, avec deffense sous peyne de prison et d'amende de démolir et oster la pièce de bois.

» Bourdel proteste appel, et requière faire foy quelle hauteur il y auroit depuis le surot qui est de présent à son moulin de la Rothière, jusqu'à la mortaise qui est au bas d'iceluy en tirant droit au moulin de la Rothière.

» Satisfaisant à ce réquisitoire le juge a fait mesurer en présence des partyes la dite hauteur, et par la mesure prise avoir été trouvé qu'il y a deux pieds deux pouces. » *(Archives de l'hôtel-de-ville.)*

5

dérable. Il était en effet inutile de placer le couronnement de ce déversoir au-dessus de celui de Croncels, et comme le seuil du moulin n'est placé qu'à quatre pieds au-dessous de ce dernier, cet exhaussement de deux pieds deux pouces ferait supposer que le moulin de la Rothière n'avait que vingt-deux pouces de chute (0^m 595).

Il fut constaté aussi qu'il ne passait que quatre pouces d'eau (0^m 108) sur le surean, au lieu de huit pouces (0^m 216) qui y passaient en 1557. Mais les experts ont omis d'indiquer la longueur de ce surean. De là l'impossibilité de baser aucun calcul de dépense d'eau sur cette pièce. D'ailleurs il est établi au procès-verbal que la quantité de quatre pouces d'eau était insuffisante.

Ici nous avons perdu la trace de cette affaire, et nous ne pouvons savoir si le sieur Bourdel n'interjeta pas appel de ce jugement, et si la sentence ne fut pas revisée. Seulement tout porte à croire que si elle fut exécutée, on se relâcha par la suite de la rigueur qu'on avait montrée. En effet, un procès-verbal d'experts, du 18 août 1710, nous apprend qu'à cette époque le couronnement du déversoir du moulin de Paresse était plus bas que celui de Croncels de seize pouces (0^m 433) environ (1), et alors on consacra de nouveau le droit de ce moulin à prendre de l'eau

(1) « L'an mil sept cent dix, le lundi dix-huit aoust, à l'heure d'une après midy, nous Maire et Echevins de la ville de Troyes, estant en l'hostel de la ville, le procureur du roy au dit hostel nous a dit qu'en exécution de notre sentence du quatre du présent mois, monsieur de Montmeau, échevin, se seroit transporté le jeudy, sept du présent mois, avec lui assisté de notre greffier, d'Antoine Parisot, architecte, et Edme Roslet, maître charpentier, dans le moulin de Paresse, anciennement appelé moulin de la Rothière, pour visiter les surots, bronchis et coulis du dit moulin, afin de connoistre s'ils sont de la qualité et en l'état qu'ils doivent être, où estant il auroit plu si violemment qu'il

dans le canal des Trévois, sans qu'il y eût trop plein, puisque les experts jugèrent convenable de mettre sur son dé-

auroit été impossible de procedder à la dite visite, ce qui les auroit obligé de se retirer, et en se retirant, Antoine Prévost musnier du dit moulin les auroit prié de ne pas procedder à la dite visite pendant huit jours, pendant lequel temps il auroit promis de représenter le procès-verbal d'apposition du dit surot ou coulis; et comme le dit temps est expiré et que le dit Prévost n'a pas satisfait à sa promesse, il nous requérait qu'il nous plaise nous transporter sur les lieux pour procedder à la dite visite et à l'exécution de notre dite sentence.

» Sur quoy faisant droit, nous aurions nommé le dit sieur de Montmeau, Echevin pour se transporter sur les dits lieux avec le dit procureur du roy assisté de notre greffier et du dit Roslet, l'un des nommés par la dite sentence, et au lieu du dit Parisot, aussi nommé par icelle qui est actuellement absent, nous avons nommé d'office Nicolas Crossette, ausssi maître charpentier au dit Troyes, et à l'instant les dits Roslet et Crossette étant comparus par-devant nous, nous aurions pris et reçu d'eux le serment au cas requis qui est de bien duement et en leur conscience procedder à la dite visite, dont et de tout ce que dessus avons fait acte.   Signé Gabriel TUFFIQUAN.

» Et le dit jour à l'heure de trois après midy, nous, le dit de Montmeau, échevin, en exécution de la dite sentence énoncée en l'ordre ci-dessus, nous nous sommes transporté avec le dit procureur du roy, assisté de notre greffier en l'hostel de la dite ville de Troyes, du voyeur d'icelle, et des dits Roslet et Crossette, sur et au-dedans du dit moulin de Paresse ou de la Rothière, où estant nous y aurions trouvé le dit sieur Antoine Prévost, musnier d'iceluy auquel nous avons dit que faute de par lui avoir représenté le dit procès-verbal d'apposition des dits surot et coulis, nous venions assisté comme dit est pour, en sa présence, voir procedder à la dite visite par les dits Roslet et Crossette, à quoy il ne nous auroit rien répondu, et à l'instant les dits Roslet et Crossette, auroient en nos présences veu et visité le coulis qui sert de décharge au dit moulin, qu'ils nous auroient dit être percé en plusieurs endroits, ainsy que les époudés qui le sont de toute part et qu'ils estimoient que comme le coulis est plus bas que celui de Croncels de seize pouces, il convient mettre sur celui de Paresse une semelle de neuf pouces, de plus qu'il est nécessaire de réparer le bronchis en entier, tant de la décharge que celuy du moulin, pour empêcher la perte de l'eau qui doit couler dans les ruisseaux de la dite ville, et à l'égard du coulis ou surot, il convient le réparer de planches de chêne tringlées et accrochées, et remplir le devant de terre grasse, moellon,

versoir une semelle de neuf pouces (0^m 243) seulement
de hauteur. Cette pièce nous apprend également que le
moulin de la Rothière et celui de Paresse ne sont qu'un
seul et même moulin qui a changé de nom, sans que l'on
puisse en connaître le motif.

Un autre procès-verbal de visite, du 11 avril 1754 (1),
exprime clairement qu'une division des eaux doit se faire

en sorte qu'il ne se perde point d'eau au préjudice des réglements : qui est
tout ce qu'ils ont dit et affirmé en leur âme trouver nécessaire à faire aux dits
surot, coulis, roulis et bronchis, et ont les dits Roslet et Crossette signé avec
nous ; et quant au dit Prévost étant disparu dans le temps que nous dressions
le présent procès-verbal, nous n'aurions pu le trouver, pour le requérir et inter-
peller de le signer, dont et de tout ce que dessus nous avons fait acte pour servir et valloir ce que de raison.

» Signé ROSLET, Nicolas CROSSETTE, Louis de MONTMEAU,
Charles ARMAND, FLOBERT, de LANNE. »

(*Archives de l'hôtel-de-ville.*)

(1) « L'an mil sept cent cinquante-quatre, onze avril, nous, Charles Garnier, conseiller du roy, lieutenant des eaux et forêts du bailliage de Troyes,
accompagné du procureur du roi en la dite maîtrise, et assisté de M. Jean-
Baptiste Finot, procureur au bailliage et présidial de Troyes, demeurant en
cette ville, que nous avons commis pour greffier, pour l'empêchement de notre
greffier ordinaire, et duquel à cet effet nous avons pris et reçu le serment au
cas requis et accoustumé ; en vertu du pouvoir attribué à nos charges et de
notre ordonnance étant au bas de la requête à nous présentée par le procureur
du roy, du dix du mois d'avril, sommes sortis de la dite ville de Troyes pour
examiner et constater si, suivant notre sentence du trois novembre dernier, les
réparations à faire au seuil du moulin de Paresse, sis sur la rivière de Seine,
près les Terrasses, appartenant aux hôpitaux réunis de cette ville, avoient été
mises en état, au désir de notre sentence, aurions reconnu que le dit seuil qui doit
soutenir et diviser les eaux pour le besoin de la dite ville, non-seulement n'a
point été rétabli ni réparé, quoique les circonstances présentes du commerce
de la dite ville semblent exiger la plus grande célérité, mais même que le dit
seuil est toujours dans le même mauvais état, presque entièrement pourri, de
sorte que l'eau se perd totalement, tant par les deux extrémités que par le milieu, et qu'au lieu que l'eau puisse prendre son cours pour la plus grande quan-

au moulin de Paresse, pour qu'une partie s'écoule vers la ville, et que l'autre serve au moulin, mais rien n'indique dans quelle proportion doit se faire cette division.

Enfin la dernière pièce que nous ayons trouvée relative à ce moulin, et dont nous donnons un extrait (1),

tité par le bras destiné à entrer dans la dite ville, elle passe presqu'entièrement par le moulin, comme s'il n'y avait point de seuil, ce qui, par cette raison, met pendant l'été à sec une partie des canaux destinés à arroser les tanneries et autres manufactures de cette ville ; inconvénient qui, non-seulement porte un préjudice considérable au commerce ; mais même occasionne un air très mal-sain, dont le public se plaint très-hautement depuis long-temps, et dont on ne peut empêcher trop promptement les suites fâcheuses auxquelles ce défaut d'eau, occasionné par le mauvais état du seuil du dit moulin ne peut manquer de donner lieu. Après laquelle visite nous aurions demandé à la veuve de Claude Prévot, fermière du dit moulin, si elle n'était point informée que MM. les directeurs des hôpitaux dussent faire travailler au premier jour aux répa-rations du dit seuil, nous auroit répondu que quoiqu'elles parussent très-ur-gentes et très-nécessaires, cependant elle n'avoit point ouï-dire que ces MM. dussent y envoyer aucun ouvrier ; dont et de tout cependant nous avons fait acte et rédigé le présent procès-verbal, les dits an et jour que dessus, et avons signé avec le dit procureur du roy et notre greffier.

» Signé CAMUSAT DE RIENCEY, GARNIER, FINOT. »
(*Archives administratives du département de l'Aube.*)

(1) « .... Lesquels experts après avoir vu, visité et nivelé le dit sureau posé, nous ont dit qu'il est posé suivant les alignements et repères, marqués et par eux pris et énoncés en notre précédent procès-verbal, à la distance de deux pieds onze pouces dix lignes du premier pieu de la culée du pont amont, et trois pieds cinq lignes du second pieu de la même culée au-dessous du cha-peau, qu'il est posé également et de niveau dans sa longueur qui est de vingt-un pieds neuf pouces, le bout d'abas eau ne penchant pas plus que celui d'a-mont eau, ayant été à cet effet tenu droit et d'aplomb entre ses deux extrémités en ligne directe, égale en toutes ses parties, l'une ne baissant pas plus que l'au-tre, et relevé en conséquence comme il convenait de quatre pouces six lignes que le vieux par sa vétusté et son mauvais état se trouvoit avoir de pente depuis le milieu où il déclinait de huit lignes jusqu'à la culée du pont à bas eau qui le termine, le dit sureau étant fait d'une pièce d'équarrage de huit pouces et

est un procès-verbal de la pose d'un sureau, du 28 septembre 1761, et dans lequel il y a des indications qui auraient pu être de quelque utilité, si elles avaient été plus clairement rédigées, et si elles ne se rapportaient pas à un état de choses qui a pu changer depuis cette époque. Mais ayant voulu vérifier les dimensions indiquées sur repères dans ce procès-verbal, nous avons reconnu qu'il n'existait aucune concordance entre l'état actuel et celui qu'elles expriment. Ce procès-verbal constate un empiètement depuis 1557. La longueur du déversoir qui n'était alors que de quinze pieds (4^m 87) a été trouvée, en 1761, de vingt-un pieds neuf pouces (7^m 06).

Aujourd'hui ce déversoir a la même longueur de 7^m 06, et l'extrémité aval de son couronnement est placée à 0^m 467 en contrebas de celui du déversoir de Croncels, tandis que son extrémité amont n'est qu'à 0^m 428 au-dessous du même point ; ce qui semble indiquer que son niveau n'a pas varié depuis 1710.

Dans la discussion à laquelle nous nous sommes livré sur les droits du moulin de Paresse, on aura sans doute remarqué que, dès 1557, on se plaignait du manque d'eau dans le canal supérieur de la dérivation, et on en conclura

demi, revêtu d'une barre de fer de quatre pouces de large sur six lignes d'épaisseur, etc., etc. »

Et plus bas :

» Dont et de tout ce que dessus avons fait acte ensemble de ce que les dits propriétaires des moulins de Paresse, Jaillard, Meldanson et du moulin de la Tour nous auroient dit qu'ils persistent dans les protestations par eux ci-devant faites, et qu'ils réitèrent autant que de besoin que le dit sureau fût posé et placé dans le même état et hauteur qu'étoit l'ancien, etc., etc.

Ont signé : LEFEBVRE, MUSSON, DAUVET, BOUQUET et VAUTHIER. »

(*Archives administratives du département de l'Aube.*)

peut-être que le fait avancé plus haut, qu'en 1632 le produit de la Seine dans l'étiage était encore, au minimum,
de 12 à 13 mètres cubes d'eau par seconde, est dénué
de fondement. Nous devons faire remarquer d'abord que
lorsque l'on se plaignait du manque d'eau dans le canal
des Trévois, en 1557, le moulin de Paresse en absorbait déjà un mètre cube par seconde ; que de plus les canaux de la ville n'étaient pas précisément à sec, et recevaient peut-être autant d'eau ou même davantage. Si
maintenant l'on se rappelle que rarement les canaux de la
dérivation étaient en bon état de curage, que des bancs
de gravier obstruaient leurs lits ; si l'on se rappelle encore
que, dans aucune des pièces citées, il n'est question ni des
moulins de Sancey ni des vannes tranchines, dont certainement notre époque ne peut revendiquer l'honneur de l'in-
vention, on pourra bien admettre avec nous que fréquemment on s'est contenté de recevoir la quantité d'eau ar-
rivant par le moulin de Pétail, sans rechercher, comme on
l'a fait plus tard, s'il n'y avait pas, au détriment de ce
dernier, distraction d'une partie de l'eau qui lui était due.
D'ailleurs en prenant les bases que fournit le procès-verbal
de visite du 5 mai 1557, il résulte que le produit de la
rivière était encore au-dessous des vannes tranchines,
d'au moins six mètres cubes d'eau par seconde, produit
deux fois et demie plus fort que celui d'aujourd'hui, en
tiage.

Ici on se trouve conduit tout naturellement à renouve-
ler l'objection déjà faite, qu'il n'est pas dans l'ordre ordinaire que les basses eaux aient lieu pendant les mois de mai
et de juin. Pour la seconde fois, nous répondrons qu'il
s'agit ici de probabilités, et nous ferons observer qu'il

serait fort étrange que des basses eaux, comme celles de notre époque , n'eussent pas suscité des plaintes venues jusqu'à nous, quand un état de choses, après tout fort supportable, en motivait d'aussi amères.

Le procès-verbal déjà cité du 11 avril 1754 , est du reste une preuve de l'anomalie qui peut exister dans les époques des basses eaux. Nous le demandons : est-il souvent arrivé de nos jours que la presque totalité du produit du canal des Trévois fût de nature à passer par les pertuis du moulin de Paresse, au commencement du mois d'avril ? Il ne faut pas perdre de vue qu'une roue hydraulique ne saurait, sans inconvénient, absorber de l'eau au-delà de la quantité nécessaire pour lui imprimer le mouvement.

En dernière analyse, il reste prouvé que les droits du moulin de Paresse sont imprescriptibles, parce qu'ils remontent à une époque antérieure à la promulgation de tous les édits qui plus tard ont réglé les droits de propriété sur les cours d'eau (1) ; que ces droits ont pour mesure la dépense de liquide qui se faisait en 1557, pour mettre ce moulin en mouvement, et qui se trouve être le quart de la quantité jetée dans le canal des Trévois par le moulin de Pétail. Cette base s'accorde du reste avec celle qui a de tout temps été adoptée pour les partages entre les autres moulins, savoir, le nombre des roues, car il est manifeste que le moulin de Paresse n'avait qu'une roue dans l'ori-

(1) Edit de 1566, sur l'inaliénabilité du domaine de la couronne. Ordonnance de 1669 sur les eaux et forêts. Edit de 1683 qui ordonne l'adjonction, au domaine de la couronne, des biens qui en avaient été distraits depuis 1566 sans titres authentiques. Nous prouverons plus loin que ces édits et cette ordonnance étaient applicables à la dérivation de la Seine.

gine, lorsqu'il fut admis à partager, avec le moulin de la
Tour qui en avait trois, l'eau du canal des Trévois, toute
réserve faite des droits des bondes. Si l'on rejetait cette
base de partage pour invoquer l'état présent des choses, on
tomberait dans une source intarissable de contestations,
parce que la division actuelle est affectée de toutes les variations de produit, et de tous les changements de niveau
de l'eau dans le canal des Trévois.

Dans le procès-verbal de visite du 5 août 1566, relatif
au moulin de Paresse, il est question d'un autre moulin
qui aurait autrefois existé près la porte de Croncels. Nous
n'en ferions pas mention, si ce fait, en lui-même indifférent, ne venait appuyer notre opinion, que la division de la
Seine a été exécutée à diverses reprises, et qu'avant d'être
introduite dans l'intérieur de la ville, l'eau s'écoulait dans
le fossé de ceinture. Dès-lors on aura tout naturellement
utilisé la chute que forme aujourd'hui le déversoir de
Croncels, et on aura construit sur cet emplacement un
moulin que des travaux subséquents ont obligé de détruire.
Nous dirons encore, pour mémoire, qu'il existait en
1580 un autre moulin appelé Hardre ou Hardel, relié
au moulin de la Moline par un chemin de communication.
Les renseignements que nous avons trouvés à cet égard
sont trop incomplets pour que nous puissions assigner
l'emplacement de cette usine. Toutefois, comme il est des
vérités d'un ordre absolu, telle que l'existence ou la non-
existence d'une chute d'eau, nous pouvons affirmer que
ce moulin n'était pas situé sur la dérivation, à moins que
ce ne fût un de ceux que nous connaissons aujourd'hui, et
qui pour un temps avait changé de nom.

§ VII. — *Moulin de la Tour.*

Le moulin de la Tour existait en 1157, ainsi que nous l'apprend une donation qu'en fit le comte Henri I, dit le Libéral, à l'église de Saint-Etienne de Troyes, en cette même année. Il reçoit l'eau du canal des Trévois, après qu'elle a parcouru les rus et traversins de la ville. Ainsi que nous l'avons dit, cette eau s'écoulait rapidement autrefois dans ces rus, en vertu d'une forte pente ménagée à dessein. Ce moulin est composé de trois paires de meules, mises en mouvement par trois roues du même système que celles de Pétail. Comme il importe de vérifier si la distraction d'eau qui se faisait par le moulin de Paresse, nuisait dans l'origine à celui de la Tour, nous avons recherché quelle était la force hydraulique employée par ce dernier. Nous l'avons trouvée égale à 50 chevaux de 75 ^{km} (1) ; c'est-à-dire égale aux 78 centièmes de la force exi-

(1) Les meules du moulin de la Tour ont le même diamètre que celles de Pétail, et étaient, comme celles-ci au moment de l'expérience, employées sur blé. De plus le meûnier nous a également déclaré que chaque paire de meules, dans les circonstances où elles se trouvaient, était capable de moudre moyennement un hectolitre de blé par heure. La hauteur de l'eau sur le seuil des vannes de décharge était en amont de 1^m 75 et de 0^m 17 en aval. Mais comme les seuils des vannes motrices sont recouverts d'une semelle qui a 0^m 255 de hauteur pour les deux premières vannes à droite, et 0^m 22 pour la troisième, il en résulte que ces semelles qui remplacent le seuil n'étaient pas noyées en aval, et que la hauteur d'eau en amont était de 1^m 475 sur les semelles des deux premières vannes, et de 1^m 51 sur celle de la troisième.

La première vanne ou celle de droite était levée de 0^m 35, et a une largeur de 0^m 97 entre les potilles.

La seconde ou celle du milieu a également une largeur de 0^m 97, et était levée de 0^m 35.

La troisième ou celle de gauche était levée de 0^m 29, et a 0^m 95 de largeur.

gée par le moulin de Pétail. Si l'on réduisait les semelles placées sous les vannes motrices du moulin de la Tour à la hauteur de celles du moulin de Pétail (à la rigueur il n'en devrait pas exister), les deux usines seraient placées dans les mêmes conditions, et la réduction de la chute à la hauteur légale, donnerait des dépenses d'eau proportionnelles aux forces motrices ; c'est-à-dire que la dépense d'eau du moulin de la Tour serait les 0,78 de 4^m 363 cubes ou 3^m 403 cubes par seconde. Cette quantité, ajoutée aux

D'après cela, la hauteur ou charge de l'eau sur le centre des orifices est :

Pour la 1re vanne $H = 1^m 475 - \dfrac{0^m 35}{2} = 1^m 30$;

Pour la 2e vanne $H = 1^m 475 - \dfrac{0^m 55}{2} = 1^m 31$;

Pour la 3e vanne $H = 1^m 51 - \dfrac{0^m 29}{2} = 1^m 565$.

En appliquant la formule $Q E = 0,60 \, LE \sqrt{2 g H}$ déjà employée à l'article du moulin de Pétail, pour trouver la dépense de liquide par chaque pertuis dans une seconde, on obtient pour la dépense effective, en négligeant la vitesse d'arrivée de l'eau, qui est à peu près nulle :

1er pertuis $Q = 0,60 \times 0^m 97 \times 0^m 35 \times \sqrt{19,62 \times 1^m 30} = 1^m 020$ cubes;

2e pertuis $Q = 0,60 \times 0^m 97 \times 0^m 55 \times \sqrt{19,62 \times 1^m 31} = 0^m 972$;

3e pertuis $Q = 0,60 \times 0^m 95 \times 0^m 29 \times \sqrt{19,62 \times 1^m 565} = 0^m 844$;

$$\text{Total.....} \quad 2^m 856$$

La force théorique employée par les trois moulins devient alors :

1er Moulin $\dfrac{1020^k \times 1^m 30}{75} = 17^{ch.} 68$;

2e Moulin $\dfrac{972^k \times 1^m 51}{75} = 16^{ch.} 97$;

3e Moulin $\dfrac{844^k \times 1^m 565}{75} = 15^{ch.} 36$;

$$\text{Total.....} \quad 50^{ch.} 01$$

1048 litres qui doivent s'écouler par le moulin de Paresse, excèderait de deux pour cent le volume que fournissait le moulin de Pétail.

Pour arriver à une exactitude rigoureuse, il faudrait encore estimer les pertes d'eau qui avaient lieu par dix-neuf bondes ou prises placées le long du canal des Trévois. Mais outre qu'il n'est pas prouvé que ces bondes restassent ouvertes lorsque les moulins ne recevaient que l'eau qui leur était nécessaire, il nous manque encore un élément, pour calculer la dépense exacte, savoir : la hauteur du niveau de l'eau au-dessus des orifices. Néanmoins, si nous portons cette dépense au dixième du volume de l'eau passant dans le canal des Trévois, estimation plutôt forte que faible (1), on reconnaîtra que les moulins pouvaient facilement supporter ce dommage, sans que les propriétaires s'en plaignissent aux autorités compétentes. Tel était encore sans doute l'état des choses, il y a deux ou trois siècles; ce qui explique pourquoi les mêmes intérêts qui se trou-

(1) On verra plus loin, lorsque nous parlerons des bondes, que la dimension primitive de ces orifices était de $0^m 054$ de côté : et nous prouverons que cette dimension est la seule fondée en droit. Néanmoins comme une ordonnance municipale de 1807 a adopté une autre classification, qui est encore en vigueur, nous l'adopterons aussi pour notre calcul, afin de n'être pas accusé d'amoindrir l'effet de ces bondes. Cette ordonnance porte que quatre bondes sont de première classe, et ont un orifice carré de $0^m 135$ de côté, et quinze de seconde classe qui ont seulement $0^m 054$ de largeur et hauteur.

Nous supposerons provisoirement que les centres de ces orifices soient placés sur la même ligne à $1^m 00$ au-dessous du niveau de l'eau, condition très-favorable, et nous adopterons le coefficient 0,60 pour la contraction. Alors la dépense d'eau par la somme de ces orifices sera par seconde exprimée par :

$$0,60 \times [(\overline{0,135}^2 \times 4) + (\overline{0,054}^2 \times 15)] \times \sqrt{19,62 \times 1^m 00} = 0^m 310 \text{ cub.}$$

ou les 72 millièmes du volume de l'eau, versé dans le canal des Trévois, suivant les anciennes ordonnances.

vent aujourd'hui en désaccord, existaient alors dans une harmonie parfaite.

La hauteur des vannes du moulin de la Tour est loin d'être conforme aux réglements et ordonnances; mais, ainsi que nous l'avons déjà démontré, il y a eu nécessité d'élever ces vannes à la hauteur du déversoir du gouffre, dès que les eaux du ru Cordé ont pu se confondre avec celles du canal du Vouldy ; autrement, toute l'eau de ce dernier canal se serait écoulée par le moulin de la Tour, dont elle aurait tenu constamment les roues noyées. Aussi nous ne comprenons pas trop pourquoi, le 19 octobre 1761, assignation était donnée aux propriétaires du moulin de la Tour pour réduire leurs vannes à 4 pieds (1^m 30) de hauteur, conformément au réglement du lieutenant-général au bailliage de Troyes, du 5 août 1556 (1). Nous ne voyons là que l'application d'une mesure générale à une espèce qui n'était plus susceptible de la recevoir. Il ne paraît pas que l'assignation ait été suivie d'effet, puisqu'aujourd'hui encore la hauteur de ces vannes est de 1^m 76.

Indépendamment des réclamations que les propriétaires du moulin de la Tour n'ont cessé de faire, depuis nombre d'années, contre la distraction, illégale suivant eux, qui a lieu au moulin de Paresse, d'une partie de l'eau qui leur est due par droit de possession ; ils ont encore fait valoir avec plus de fondement le tort qui résulte pour eux des obstacles mis à l'écoulement de l'eau dans les canaux de l'intérieur de la ville. Nous examinerons ces plaintes en traitant de ces canaux.

(1) *Archives de l'hôtel-de-ville.*

§ VIII. — *Moulin de Saint-Quentin.*

Le moulin de Saint-Quentin, dont l'origine se perd presque dans la nuit des temps, comme celle de la plupart des autres moulins, existait en l'an 1157, ainsi que le prouve une charte du comte Henri I⁰ʳ. D'après cette charte, ce prince aurait fondé en cette même année, le chapitre de St-Étienne, et lui aurait octroyé, entre autres faveurs, la pêcherie sur le cours d'un bras de la Seine, depuis Sancey jusqu'au moulin de Saint-Quentin (1).

Un bail de l'an 1478 nous apprend que cette usine était composée de « deux molins à papier et ung molin à blef », et de plus qu'elle participait aux frais d'entretien des vannes tranchines, ce qui est exprimé en ces termes : « Item » de acquitter ledit prieur et ses successeurs, prieurs dudit » Saint-Quantin, de touttes debtes et debites dont ils se- » roient et pourroient être tenus à cause des vannes tran- » chines, pour raison desdits molins, etc., etc. (2) »

Ce moulin reçoit l'eau que lui transmet celui de la Tour, et de plus il a droit, depuis le 22 juillet jusqu'au 11 novembre de chaque année, à une prise dans le biez des moulins de Brusley. Cette prise est réglée par la vanne du POUCE, qui tire son nom de la quantité dont elle doit être levée (0ᵐ 027) pour livrer passage à l'eau (3).

(1) Charte latine qui a été imprimée depuis, et dont un exemplaire se trouve entre les mains des propriétaires du moulin de Saint-Quentin.

(2) *Archives du département de la Côte-d'Or, section du clergé régulier, prieuré de Saint-Quentin de Troyes.*

(3) Ce droit vient d'une sentence arbitrale, du 10 septembre 1473, de Nicolas Mauroy, lieutenant-général au bailliage de Troyes, où on lit : « disant que les dites escluses et vannes et niveau d'icelles estoient encore trop hauts et ne

Il y avait primitivement, avons-nous dit, trois roues hydrauliques dans le moulin de Saint-Quentin, mais l'une

passoit, ne couloit goute d'eaue parmi la dicte écluse, fors seulement par-dessus en temps de grandes et moyennes eaues, et en temps de basses eaues n'y en passoit point, combien que quand il y avoit bronchis ou escluse de fagot, il y passoit et distilloit grande quantité d'eaue, parquoy est dit le temps des basses eaues en avoir et pouvoit avoir autant comme avoit le dit deffendeur ce qu'il n'a pas de présent (*), ainsi que faire se doit obstant la dicte escluse qui est corroyée et faicte de trappans à bronchis et espondés, et au contraire disoit le dict deffendeur que aucune mutation ne se pouvoit, ne se devoit faire en icelle vanne et escluse veu les dictes sentences et appointement, et que de toutte ancienneté en temps de basses eaues, le dict molin de Chaillouel » (Brusley) « en avoit plus grande distribution et quantité que les dicts molins de Saint-Quantin, parquoy la dicte eaue ne devoit être égalle, et pour avoir de tout ce cognoissance et cognoistre la vérité des faits et moyens de chacun costel, nous soyons transporté par plusieurs fois et journées sur les lieux et places des dictes escluses et vannes, et molins de Chaillouel et de Saint-Quantin, et en présence des dictes partyes ayons fait faire essais et expériences de l'estat et cours d'eaues venant et descendant par la ville de Troyes et les fossés d'icelle aux dicts molins, par plusieurs charpentiers, musniers et autres gens cognoissant l'estat, le cours, le niveau d'icelles eaues, par lesquieulx nous soyons surtout informés, le mieux et plus raisonnablement que l'avons pu faire, et finalement les partyes par nous sur tout oyes et par vertu du povoir par elles à nous sur ce donné, par les lettres de compromis par elles sur ce passées soubs le scel de la prévosté de Troyes, parmy lesquelles ces présentes seront infichées, leur ayons assigné jour à huy à l'heure de huict heures du matin sur le lieu de la dicte escluse pour oyr notre rapport et sentence arbitrale ou composition amiable, savoir faisons que le dict jourd'huy icelles parties comparant par devant nous en leurs personnes sur le dict lieu, nous tout veu et considéré, et par grand avis et délibération sur ce, eux entre nous, avons dit, raporté et sentencié, disons, raportons et sentencions, par notre sentence arbitrale et amiable composition, que en temps de basses eaues, c'est-à-savoir depuis le jour de la feste de la Magdeleine, jusques au jour de feste St-Martin d'iver en suyvant, par chascun an, les dicts demandeurs auront distribution de la dicte eaue venant aux dictes escluses et vannes pour l'usaige

(*) Deffendeur, le propriétaire du mou'in de Brusley, et demandeur, celui du moulin de Saint-Quentin.

de ces roues fut détruite, et ce ne fut qu'en 1819 que M. Le-
jeune, alors propriétaire de ce moulin, demanda et obtint
l'autorisation de la rétablir de nouveau. Comme au reste
nous basons le droit, autant qu'il existe en cette matière,
plutôt sur l'ancienne possession que sur la nouvelle, il
nous aurait toujours semblé juste de considérer le moulin
de Saint-Quentin comme étant composé de trois roues. On
verra plus loin, au chapitre des bondes, les motifs pour
lesquels nous adoptons cette opinion.

L'usine de Saint-Quentin a son régime réglé par un déversoir dont l'extrémité amont est plus élevée de 0^m 09 que
l'extrémité aval. Ce déversoir est en maçonnerie, et aucune lézarde n'indique qu'il y ait eu affaissement d'une
des extrémités ; ce qui semble prouver qu'il a été établi
suivant cette inclinaison. Une construction aussi anormale
a été motivée sans doute par l'état où on aura trouvé l'ancien déversoir, qui était en bois ; mais comme c'est une
chose très-ordinaire que le dérangement de ces sortes de
construction, et que le régime des eaux exige un couron-

et service des dicts molins de St-Quantin, le gros d'un pousse tout le long
d'icelle vanne, contenant unze piés et demy et deux dois au pié de roy, entre
les deux pots ou esguilles, chacun pour ce faisant l'unziesme partie d'un pié
au pié du roy, à la mesure de Troyes, et dont les unze font le tout par dessoubs la dicte vanne et sur le surot d'icelle vanne et escluse, lequel surot de-
morera en l'estat qu'il est de présent, sans que l'une ou l'autre des parties le
puisse hausser ou baisser, laquelle pour ce faire sera levée par chascun an du-
rant le dit terme, du gros du dit pousse et sera soutenue et levée d'iceluy gros
à deux chevilles de fer qui seront faictes à chesnes atachées aux deux pots ou
esguilles, faisant les deux bouts par où coule la dicte vanne, et fermée à deux
farures, aux dépens des deux parties par moitié, dont les dicts demandeurs
auront et garderont l'une des clefs et le dict deffendeur l'autre. » Etc.........

(Archives du département de la Côte-d'Or, section du clergé régulier,
abbaye de Molême, prieuré de Troyes.

nement horizontal, nous pensons que l'on eût pu et que l'on pourrait encore l'établir suivant une ligne de niveau, partageant en deux la différence de hauteur qui existe entre les extrémités. En prenant ce terme moyen, on ne froisserait pas les intérêts de l'usine supérieure, et le régime du moulin de Saint-Quentin serait plus régulier.

Cette ligne de niveau étant prise pour repère, nous trouvons que le seuil des vannes est à 1^m 49 en contre-bas du niveau légal de l'eau, ce qui prouve, ou que ce repère est placé trop haut, ou que le seuil a été descendu de 0^m 19 ; car on ne saurait mettre en doute que la hauteur de chute de cette usine n'ait été réglée à 1^m 30 conformément aux ordonnances, puisque nulle part il n'est, en sa faveur, dérogé aux dispositions générales, et que l'article 5 de l'arrêté de M. le Préfet de l'Aube en date du 11 mai 1819, l'oblige de se conformer aux anciens réglements. Toutefois, en l'absence de titres, on ne saurait toucher au repère que nous venons d'indiquer pour le déversoir, parce que des intérêts divers y sont engagés. On verra plus loin, s'il y a lieu de relever le seuil des vannes, afin de rétablir la hauteur de chute prescrite par les ordonnances et arrêtés.

Nous croyons nécessaire de déterminer la valeur du pouce d'eau que le biez de Brusley doit verser dans celui de Saint-Quentin, conformément à la sentence de 1473, pour servir à établir une relation entre les droits de ces usines. Le couronnement du déversoir du pouce, régulateur du niveau de l'eau dans le biez du moulin de Brusley, est situé à 0^m 236 en contre-haut de la ligne horizontale que nous proposons pour couronnement du déversoir de Saint-Quentin. Cette différence détermine la hauteur de

6

pression sous laquelle doit s'écouler l'eau par-dessous la vanne, les deux biez étant soumis au régime légal. On trouve, par la formule ordinaire déjà employée (V. p. 51), que cette quantité est de 0m 11563 cube par seconde (1).

On comprendra facilement que la dépense théorique déterminée d'après les titres, est la seule que l'on doive et que l'on puisse invoquer pour servir de base à un partage. Si l'on niait qu'il en dût être ainsi, on admettrait implicitement que la hauteur de charge ou la différence entre les niveaux des deux biez importe peu à l'équité de ce partage, et, comme c'est cependant un des éléments de la dépense, cette dernière dépendrait de la bonne foi des parties. En matière d'intérêt, le droit rigoureux est préférable à la loyauté la plus sévère.

Le moulin de Saint-Quentin est le dernier qui soit placé sur la division des eaux passant par le canal des Trévois.

Ses propriétaires se sont toujours joints à ceux du moulin de la Tour, pour réclamer contre le moulin de Paresse et contre les obstacles qui gênent l'écoulement de l'eau dans les canaux de l'intérieur de la ville.

§ IX. — Moulin de la Pielle.

Le moulin de la Pielle est le premier que l'on rencontre sur le canal du Vouldy, en descendant des moulins de la Rave et de Notre-Dame. Il avait autrefois deux roues hy-

---

(1) La largeur de la vanne du pouce entre les potilles est de 5m 52, la hauteur de l'orifice étant de 0m 027 sur toute cette longueur et la différence entre les deux niveaux d'amont et d'aval étant de 0m 236, la quantité d'eau écoulée par seconde sera donnée par la formule déjà employée :

$$Q = 0,60 \, LE \sqrt{2 g \, H}$$

ou $Q = 0,60 \times 5^m 52 \times 0^m 027 \times \sqrt{19,62 \times 0^m 236} = 0^m 115 63$ cube.

drauliques, mais en 1791 l'une des roues étant détruite, il fut vendu comme bien national, sous la condition que cette roue ne serait pas reconstruite.

Néanmoins, à deux reprises différentes, les propriétaires de ce moulin rétablirent la seconde roue, et furent condamnés à l'enlever, la première fois par arrêté de **M.** le Préfet de l'Aube du 19 février 1813, et la seconde fois par arrêté du Conseil de préfecture du 6 février 1833. Quels qu'aient été l'état et l'importance de ce moulin, on ne doit par conséquent le considérer que sous son aspect actuel; et, en cette circonstance, nous sommes obligé d'abandonner le système que nous avons adopté pour établir le droit des autres usines.

§ X. — *Moulin de Jaillard.*

Ce moulin avait autrefois trois roues hydrauliques. Dans ces dernières années, deux coursiers ont été réduits en un seul, dans lequel on a placé une roue plus large; mais on n'en doit pas moins considérer l'état primitif des choses pour régler le partage de la force hydraulique. Pareil changement a été fait dans plusieurs autres usines, mais nulle part le droit ne doit s'en trouver infirmé, à moins de stipulation spéciale.

En 1817, le propriétaire de ce moulin ayant demandé l'autorisation d'en réparer le seuil gravier, elle lui fut accordée par un arrêté de M. le Préfet de l'Aube en date du 11 septembre de la même année, à la condition qu'il se conformerait aux anciens réglements sur la hauteur des vannes, et cette hauteur, qui était de 1^m 70, fut réduite à 1^m 30, telle qu'elle est encore aujourd'hui.

6 *

§ XI. — *Moulin de Meldançon.*

Quoique le moulin de Meldançon soit en communauté
d'eau avec les deux précédents, il n'a pas son seuil au
même niveau. Placé à l'extrémité d'un canal long, étroit
et tortueux, il perdrait sur sa chute toute la pente nécessaire à l'eau pour arriver jusqu'à ses vannes ; on a dû, par
conséquent, descendre le seuil de ces dernières de la quantité dont le niveau de l'eau descend lui-même, et conserver cependant leur arête supérieure au niveau du couronnement du déversoir du gouffre, afin que quand le moulin
ne *tire* pas, il n'y eût pas une perte d'eau inutile. Par ces
motifs, le seuil gravier de Meldançon est placé à 0ᵐ 22 en
contre-bas de celui de Jaillard.

Un arrêté de préfecture, du 1ᵉʳ octobre 1817, qui pres-
crivait de réduire les vannes de Meldançon à quatre pieds
(1ᵐ 30) de hauteur, a dû, par conséquent, rester sans effet,
et nous les avons trouvées dans les conditions que nous venons d'indiquer. Comme au moulin de Jaillard, on a réuni
en une seule, les deux roues qui composaient autrefois ce
moulin.

§ XII. — *Moulin de Brusley.*

Ce moulin possède aujourd'hui quatre roues ayant des
droits égaux au partage de la force motrice. L'une de ces
roues est d'une origine assez récente, car dans le procès-
verbal de 1734, relatif au moulin le Roy, il est fait mention du moulin de Brusley comme contenant un moulin à
farine, un moulin à foulon et un moulin à écorce. Si nous
prenons le repère fixe de ce moulin, sur le couronnement

du déversoir du pouce qui règle son régime, nous trouvons que sa chute est de 1ᵐ 55. Quoiqu'il nous répugne de croire que son seuil ait été abaissé de 1ᵐ 25, il demeure constant que, pour se conformer aux anciens réglements, il faudrait l'élever de cette quantité. On a vu, à l'article Saint-Quentin, qu'il était impossible de songer à abaisser le déversoir du pouce, à cause des intérêts qui pourraient en être froissés.

Le partage qui se fait de l'eau du biez entre ce moulin et la vanne du pouce, oblige de rechercher les droits de ce moulin pour établir les rapports de la division.

A l'époque où une prise d'eau fut concédée au moulin de Saint-Quentin sur le biez de Brusley, il est manifeste que le moulin de Brusley n'avait que trois roues, qui devaient être du même système que celles existant encore dans les moulins de Pétail et de la Tour, et sa chute n'était également que de 1ᵐ 30 de hauteur. Il est probable que la force théorique dépensée pour mettre en mouvement un moulin à foulon, à écorce ou à farine, était à peu près la même, puisque toutes les roues avaient primitivement la même largeur. Par conséquent, en prenant pour la force théorique dépensée par chaque roue de la dérivation, une moyenne entre la dépense trouvée pour les six roues de Pétail et de la Tour, on obtiendra une approximation suffisante pour servir de base à ce partage.

Or la force hydraulique dépensée par les moulins de Pétail et de la Tour, sous une chute de 1ᵐ 30 de hauteur, est exprimée par 4ᵐᶜ 363 + 3ᵐᶜ 403 = 7ᵐ 766 cubes d'eau tombant de cette hauteur (1). La force dépensée

(1) *Voir les pages* 51 *et* 75.

par une roue sera donc égale à $\dfrac{7^m\,766}{6} = 1^m\,294$ cube, et la force dépensée par les trois roues de Brusley, lorsque le biez était plein, deviendra $1^m\,294 \times 3 = 3^m\,882$ cubes.

Nous disons, lorsque le biez était plein, parce que aucun réglement n'ayant encore astreint les propriétaires d'usines à dépenser l'eau avec son maximum de hauteur de chute, il est évident que si le produit n'était pas égal à la dépense, le niveau de l'eau dans le biez devait descendre, et par conséquent la hauteur de chute qui détermine la vitesse de l'écoulement de l'eau sous la vanne du pouce, devait diminuer, et même devenir nulle. Alors les propriétaires du moulin de Saint-Quentin n'avaient d'autre moyen de retrouver leur *pouce d'eau*, qu'en laissant également baisser le niveau de leur biez, et il en résultait que l'on perdait de part et d'autre en hauteur de chute plus de force que l'on n'en pouvait gagner en volume d'eau.

Un partage régulier est donc nécessaire sur cette partie de la dérivation, et sera réclamé tôt ou tard par les parties intéressées. Ce partage ne peut avoir d'autres bases que les éléments que nous fournissons ici.

§ XIII. — *Ancien moulin de Fouchy.*

Le moulin de Fouchy ayant été détruit en 1814, nous n'avons pas à examiner son régime ancien que l'on pourra toujours, si on reconstruit ce moulin, soumettre aux règles générales que nous déduirons plus loin de nos observations.

Tous les hommes qui comprennent combien il est important pour le pays d'utiliser les forces naturelles, doivent
regretter sincèrement de voir, depuis bientôt trente ans,
une force motrice, aussi considérable et aussi bien située,
rester sans emploi. Ne semblerait-il pas que l'économie
industrielle des individus soit régie par d'autres lois que
l'économie industrielle des peuples?

Nous allons maintenant jeter un coup d'œil sur l'établissement des prises d'eau dites *bondes* ou *chantepleures.*
L'importance de l'usage de l'eau ne se mesurant pas sur
le volume employé, mais sur les services qu'elle rend,
nous espérons prouver que les bondes méritent autant que
les usines la sollicitude de l'administration.

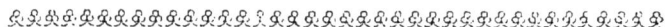

CHAPITRE IV.

§ 1. — *Des Bondes.*

Une des industries les plus anciennes de Troyes, est
sans contredit le blanchiment des toiles. Il serait difficile
de déterminer aujourd'hui l'époque à laquelle remonte sa
création; mais, en cette circonstance encore, l'opinion de
Grosley qui la fixe au commencement du dix-septième
siècle (1), ne paraît pas fondée sur des données bien certaines.

(1) « La navigation de Bar-sur-Seine à Troyes ayant cessé au commencement du dernier siècle, ce canal » (des Trévois) « fut borné au dernier usage »
(l'abreuvement des canaux de la ville), dont on sent toute l'importance.

Un manuscrit du commencement du seizième siècle,
dans lequel sont relatés les droits de la vicomté de Troyes,
prouve qu'à cette époque le blanchiment des toiles était
en pleine prospérité à Troyes, puisque des toiles de Lorraine et d'Allemagne y arrivaient écrues pour être soumises à cette opération délicate (1).

Or, pour qui sait combien il est difficile de nouer des
relations de commerce international dans une époque

« Vers le même temps, le blanchissage des toiles devint une des principales
branches du commerce de Troyes; et l'on tira du canal, par des bondes ou
chantepleures multipliées, l'eau nécessaire pour cette manipulation. »

(*Éphémérides de Grosley*, édition PATRIS-DEBREUIL, *page 77*).

Dans ce passage, Grosley ne dit pas, il est vrai, que le blanchissage des
toiles ne se faisait pas auparavant à Troyes, sur une plus petite échelle, et son
silence pourrait être interprété dans ce sens, si l'on pouvait de même supposer
qu'une petite quantité d'eau sortait anciennement du canal par les bondes, et
que cette quantité ne fut augmentée qu'en raison de l'accroissement que prenait l'industrie du blanchissage. Mais il ne saurait y avoir de doute sous ce
rapport. Suivant lui, les bondes furent établies seulement dans le 17e siècle.
L'opinion de Grosley était donc que le blanchissage des toiles et l'établissement des bondes dataient également du 17e siècle; ce qui a pu être la cause
des tracasseries qui ont été, en maintes circonstances, suscitées aux propriétaires des bondes.

(1) On y lit, à l'article des droits à percevoir : « De chacunes toilles de
Troyes quelles qu'elles soient blanches ou écrues, 2 deniers tournois la pièce,
un denier qui vent et un denier qui achette. C'est à savoir que touttes toilles
de plus de moison [*] comme de Lorraine, d'Allemagne et de Champagne
fors que du corps de Troyes, huict deniers la pièce, quatre qui vent et quatre
qui achette ; sitôt que les dictes toilles viennent ès-mains de marchans qui les
mettent blanchir incontinent, et après qu'elles sont blanchies ils les revandent
et en doivent eux ou ceux qui vendent un denier tournoi et un denier tournoi
qui les achette. »

(*Archives du département de l'Aube, section historique, ville de
Troyes, histoire civile et politique.*)

[*] Mesure.

éclairée comme la nôtre, et avec des moyens de communication aussi admirablement combinés, il paraîtra évident que les blanchisseurs de Troyes n'étaient pas à leur début au commencement du seizième siècle.

En soulevant cette question, qui appartient à l'histoire de l'industrie troyenne, nous ne sortons pas du cadre restreint tracé par notre mission. Cette industrie est souvent un effet dont la cause se trouve dans les travaux soumis à notre examen, et peut jeter un peu de lumière sur la question si obscure et si délicate de priorité. Nous ne sommes pas éloigné de croire que les bondes ou chantepleures sont en général aussi anciennes que la division des eaux elles-mêmes, c'est-à-dire contemporaines des plus anciennes usines.

En effet, ainsi que le dit Grosley, ces prises d'eau ont été faites spécialement pour l'industrie des toiles, et aujourd'hui elles servent encore généralement à cet usage. Il suffirait, par conséquent, de connaître l'époque à laquelle cette industrie a pris naissance, pour avoir la date de l'établissement des bondes. Du reste, en se reportant à ce que nous avons dit sur le produit de la rivière au xiie siècle, et sur le plus grand volume d'eau que ces bondes peuvent soutirer des canaux, on sera facilement convaincu que la jouissance de ces prises d'eau a pu rester incontestée pendant une suite de siècles. Seulement lorsque la disette d'eau s'est fait sentir, les Maire et Échevins, reconnaissant la nécessité de sacrifier quelques industries pour en soutenir d'autres, ont cru devoir s'opposer au maintien des bondes, et, par ordonnance du 30 juillet 1567, en ont commandé la destruction, et ont fait défense d'en construire de nouvelles.

Cette ordonnance est-elle la première qui ait été publiée sur cette matière? Nous devons le croire, puisque dans aucune des ordonnances postérieures, il n'en est relaté de plus ancienne en date.

Dans tous les cas, si elle ne peut préjuger la question d'ancienneté, elle nous semble du moins plutôt favorable que défavorable à notre opinion. Il n'est pas ordinaire de détruire un travail de fraîche date sans déduire les motifs qui peuvent autoriser cette destruction; car les intérêts qui avaient motivé sa création ne sauraient être sans puissance pour le maintenir. Il ne pourrait en être autrement qu'autant que rien n'aurait pu rappeler les causes qui ont déterminé à l'établir dans l'origine.

Du reste, l'administration a pu faire des réglements et publier des ordonnances, mais il ne paraît pas que ses prescriptions aient jamais été entièrement exécutées dans ce qu'elles ont eu de rigoureux relativement aux bondes. Une ordonnance du 30 mai 1603, rappelant les dispositions de celle de 1567, nous apprend qu'après trente-six ans de date, celle-ci serait au moins tombée en désuétude si elle eût été exécutée; puis treize ans plus tard, le 14 mai 1616, une nouvelle ordonnance de la chambre de l'échevinage, abrogeant le dispositif de celle de 1603 qui était restée également inexécutée, règle définitivement la jouissance des bondes et fixe leurs dimensions à la grandeur d'une mesure étalon faite exprès, et qu'on appela *estœuf*. Cette mesure représentait un orifice carré de deux pouces ($0^m 054$) de côté.

L'annulation de l'ordonnance de 1603 prouve au moins, ou que les propriétaires de bondes avaient, par une longue jouissance, acquis une sorte de prescription que l'on respectait, bien que cette propriété ne paraisse pas en avoir été susceptible (1), ou que l'usage de l'eau passant par ces bondes était devenu de toute nécessité ; autrement comment justifierait-on la promulgation de l'ordonnance de 1616 qui n'aurait fait que sanctionner un abus?

Il est vrai que les autorisations accordées par cette ordonnance de 1616, étaient restrictives des droits des bénéficiaires, qui ne pouvaient faire usage que de l'excédant de l'eau nécessaire pour le service des *moulins à grain*. Mais il y avait moins de moulins à grain en 1616 qu'il n'y en a aujourd'hui ; et l'ordonnance, en gardant le silence sur les droits des usines autres que ces moulins à grain, ne consacre nullement la priorité de ces droits sur ceux des bondes. Les uns et les autres nous semblent donc établis sur le pied d'égalité, et cette opinion a déjà eu de nombreux partisans.

On comprend qu'un gouvernement qui s'immisçait dans les plus petits détails d'administration intérieure ; qui était le créateur et le régulateur de l'industrie, devait nécessairement prendre des mesures pour que les services industriels de l'utilité la plus générale fussent pourvus, avant tous les autres, des moyens d'action créés par lui dans l'intérêt de toute la population. On pouvait, à la ri-

---

(1) Il y a, dans cette question de prescription, deux cas à examiner ; ou la dérivation de la Seine pouvait recevoir l'application de l'édit de 1566 sur l'inaliénabilité du domaine de la couronne, et alors, comme il n'est pas douteux que les bondes n'aient une existence plus ancienne que la date de cet édit, les propriétaires de ces bondes avaient droit au bénéfice de la prescription ; ou dès le principe, la jouissance des bondes ne fut accordée que sous les conditions qu'ont fait revivre les ordonnances subséquentes, et alors la prescription n'était que de pure tolérance, plutôt arrachée par la force des choses, qu'acquise en vertu d'un droit.

gueur, retarder pendant un mois, le blanchiment de quelques pièces de toiles, la livraison de quelques rames de papier, le corroi de quelques peaux ; mais on ne pouvait retarder d'un jour la mouture du blé. Or la force hydraulique était la seule propre à cet usage ; celle du cheval même n'y pouvait suppléer pour une population aussi nombreuse, et le commerce d'échange ne pouvait probablement pas toujours venir en aide à l'insuffisance des moyens de production que l'on avait sous la main.

Sous l'empire de la législation établie par les comtes de Champagne, les moulins à grain devaient donc avoir un droit de priorité ; mais sous l'empire de la législation moderne, rien ne motive un tel privilége.

Les mesures adoptées pour exécuter l'ordonnance de 1616 ne permettaient pas d'espérer qu'elle aurait son plein effet. Une vanne, souvent en mauvais état, glissant dans une coulisse et venant se placer devant un orifice, ne pouvait en effet fermer cet orifice hermétiquement, comme l'eût fait une soupape, et c'est sans doute l'imperfection de ce moyen de clôture qui aura permis aux industries menacées de subsister, malgré les moyens répressifs qui ont dû être employés à diverses époques pour faire exécuter cette ordonnance.

Si maintenant l'on fait attention que le principal usage auquel sert l'eau passant par les bondes, a pour but de fertiliser une partie du territoire de Troyes, comprise au midi de la ville, entre le bras supérieur de la Seine, dit canal des Trévois, et le ruisseau de la Vacherie, et s'étendant jusqu'au hameau de la Moline ; que la superficie de ce territoire est d'environ deux cents hectares, livrés en grande partie à la culture des plantes potagères, ce qui

donne à ce terrain une très-grande valeur, on reconnaîtra
qu'il y a là, et qu'il y a toujours eu intérêt pour tout le
monde de concilier le droit, s'il existe, avec la nécessité
de ne pas frapper de stérilité ce que l'on pourrait sans
exagération appeler le jardin potager de la ville.

Outre les deux grandes divisions des eaux, en navigables
ou non navigables, la loi admet encore une subdivision de
ces dernières, selon qu'elles suivent leur cours naturel, ou
qu'elles coulent dans un canal creusé de main d'homme.
La dérivation a toujours dû être classée, on le verra plus
loin, dans la catégorie des cours d'eau navigables; mais
comme l'Etat peut quelquefois abandonner ses droits, et
qu'alors le cours d'eau est assimilé à la propriété privée,
et rentre sous l'empire de l'art. 644 du code civil, nous
allons examiner si, sous ce point de vue, il existe l'apparence d'un droit de propriété en faveur de quelques
usagers.

Si les canaux avaient été creusés spécialement pour
créer des chutes d'eau sur lesquelles on aurait placé des
usines, il aurait pu arriver que ces usines eussent été, en
vertu du droit d'accession, propriétaires à l'exclusion de
tous autres du cours de l'eau, et les terrains, qui bordent
les rives, privés par conséquent du droit d'arrosage.

Mais, comme rien ne prouve que ces canaux aient été
exécutés spécialement pour les usines, et qu'ils paraissent
plutôt l'avoir été pour les besoins généraux du pays; que
de plus les frais de ces travaux ont été supportés par l'épar-
gne des comtes de Champagne, qui représentait le trésor
public, n'y a-t-il pas lieu d'assimiler ces canaux à ceux
creusés par le cours naturel de l'eau, avec d'autant plus
de raison qu'un long usage met l'entretien des bords à la

charge des riverains? Comme, dans ce dernier cas, on peut alors faire valoir le droit qu'a tout propriétaire d'employer, pour l'irrigation et l'arrosement, l'eau qui passe au bord de sa propriété. Si l'on voulait, au contraire, invoquer le droit qu'a le propriétaire qui creuse un canal de disposer de toute l'eau à sa guise; en faveur de qui exhumerait-on ce privilége, puisqu'aucun titre ne l'accorde dans le cas dont il s'agit?

Il est vrai qu'en tout état de chose, le droit d'arrosement ne s'étend pas au-delà de la propriété riveraine, et qu'ici cependant des propriétés entièrement séparées des canaux principaux sont arrosées par l'eau qui en sort. Mais que l'on songe bien que chaque ruisseau formé par l'écoulement des bondes, est un cours d'eau qui rentre dans la classe de ceux que nous avons examinés plus haut; qu'à chacun de ces cours d'eau sont attachés des droits de même nature que ceux dont jouissent les riverains des cours principaux, et qu'il n'y a pas lieu par conséquent de restreindre le droit d'arrosement. Il suffirait, dans l'espèce, d'étendre ce droit, avec les restrictions convenables, à tout le territoire qui en est de fait en possession depuis long-temps, et de le consacrer par une concession au même titre que celle qui met une force motrice à la disposition des usines, pour prévenir les contestations auxquelles donnent lieu les conditions restrictives de l'ordonnance de 1616. Ces conditions sont telles, qu'elles accordent de l'eau pour les arrosements, lorsqu'il n'en est pas besoin, et qu'elles la refusent, lorsqu'elle devient indispensable.

Cependant, quelques propriétaires d'usines se fondant sur ce que la dérivation de la Seine est l'œuvre des hommes, s'appuyant d'ailleurs sur une sentence du lieutenant-général au bailliage de Troyes, en date du 10 août 1644, qui ordonne de nouveau la suppression des bondes, et sur les ordonnances de Maire et Echevins, qui, à diverses époques (1) ont voulu faire exécuter les ordonnances de 1567 et de 1603, réclament la priorité pour la jouissance de l'eau de la Seine.

Divers actes de l'administration ont depuis réglé ce droit de priorité, et nous allons démontrer qu'ils ne lui donnaient pas l'étendue qu'on voudrait lui faire acquérir aujourd'hui.

§ II. — *Bondes du pré l'Evêque, du Vouldy et de l'Oratoire.*

Un jugement du 2 juillet 1626, rendu en conformité des offres faites par le sieur Jacques Thomas, propriétaire de la bonde du pré l'Evêque, qui avait préféré baisser la vanne de sa bonde lorsque l'eau ne passait pas sur le *coulis* du gouffre, que de la réduire aux dimensions fixées par l'ordonnance de 1616, a paru former un précédent qui obligeait tous les propriétaires de bonde à baisser leurs vannes dans les mêmes circonstances.

Mais un autre jugement du 24 novembre 1698 (2) ex-

(1) Ordonnances des 21 juillet 1667, 18 juillet 1669, 5 août 1694, 11 août 1705, 18 septembre 1730, 30 août 1742.

(*Archives de l'hôtel-de-ville*)

(2) « A tous ceux qui ces présentes lettres verront, les Maire et Echevins, etc. . . . . . »

« Vû la requeste à nous présentée par Anne Regnault veuve de défunt Claude Prévost, blanchisseur de toiles demeurant au Pré-l'Evêque, expositive qu'ayant été appelée par devant nous, à la requeste du procureur du roi, en l'année 1694, conjointement avec la dame du Vouldy, les sieurs Doé, Corrard et autres qui ont des bondes sur le canal de la rivière de Seine, sur laquelle est situé le moulin de la Pielle, appartenant aux sieurs du chapitre de Saint-

plique trop clairement la nature de l'obligation imposée à la bonde du pré l'Evêque, pour qu'on puisse se méprendre sur l'intention du jugement de 1626. C'est une véritable transaction dont l'effet ne saurait s'étendre par conséquent au-delà de l'espèce, et que les ayant-droit peuvent encore faire exécuter aujourd'hui, puisque les propriétaires de la bonde du pré l'Evêque ne se sont jamais conformés aux prescriptions de l'ordonnance de 1616. Cette bonde, réduite par ordonnance de la mairie de Troyes, en

Pierre de Troyes, pour être condamnés à réduire leurs bondes sur le pied, et ce, suivant qu'il est porté par notre réglement de l'année 1616. Ils nous auraient tous demandé leur renvoi, aux requestes du palais, où ils auraient été assignés à requeste du dit chapitre, aux mêmes fins, mais nous n'aurions pas jugé à propos de leur accorder, et faute d'avoir par eux défendu, nous les aurions condamnés par notre sentence du 15 novembre 1694 à réduire leurs dites bondes à deux pouces d'eau de diamètre suivant le règlement de 1616. Mais il ne fut fait alors aucune poursuite pour l'exécution de la dite sentence, en sorte que la suppliante espéroit qu'on eut entièrement dû laisser cette instance, néanmoins elle lui auroit été de rechef signifiée le 23 du mois de septembre dernier, à requeste du procureur du roi, avec sommation de satisfaire à icelle, ce qui feroit un extrême préjudice à la dite suppliante qui est une veuve chargée de six enfants, même pourroit causer sa ruine, en rendant du tout inutile son moulin à blanchir qui ne peut tourner, si la dite bonde ne demeure en l'état où elle est et a toujours été, et la suppliante a, en effet, un moyen de défense qui lui est particulier, savoir, que défunt Jacques Thomas, en son vivant, propriétaire du moulin et de la bonde, appartenant à présent à la suppliante, ayant été assigné par-devant nous, en l'année 1622, à requeste des dits sieurs de Saint-Pierre, aux mêmes fins de réduire la dite bonde, nous aurions, par notre jugement du 2 juillet 1626, condamné seulement le dit Thomas, suivant les offres qu'il avait faites de tenir la bonde fermée pendant les mois d'août, septembre et octobre, à moins que l'eau ne passe par dessus le coulis du gouffre, et aussi de tenir la dite bonde fermée aux autres mois de l'année, si l'eau ne passe par-dessus le dit coulis, et a, la suppliante, ouï dire à son auteur que les dits sieurs du chapitre, ayant appelé du dit jugement, il auroit été confirmé par arrêt, mais soit qu'il y ait eu arrêt ou non, notre dit jugement a toujours subsisté, en telle sorte que la bonde de la suppliante, a toujours demeuré

date du 27 septembre 1813, a environ 0^m 54 de longueur sur 0^m 47 de hauteur, au lieu de 0^m 054 de côté qu'elle devrait avoir conformément aux réglements généraux.

Le 12 janvier 1699, un arrêt du parlement de Paris, en la cause des doyens, chanoines et chapitre de l'église cathédrale de Saint-Pierre de Troyes, propriétaires des moulins de la Pielle et de Jaillard, contre dame Marie Largentier, messire François du Vouldy, M. Pierre Doé, et Anne Regnault, veuve Claude Prévost, condamna solidairement les défendeurs à boucher ou au moins à réduire à la di-

en l'état où elle était, et y est encore à présent, ce qui l'a obligée de nous donner la présente requeste tendant à ce qu'il nous plaise recevoir la dite suppliante opposante à l'exécution de la dite sentence par nous rendue le 15 novembre 1694, en son absence, et sans avoir ouï la suppliante en ses moyens de défense; et, en conséquence, sous les offres et soumissions qu'elle fait d'exécuter notre dit jugement du 2 juillet 1626, et de ne se servir de la bonde, que suivant et conformément à icelui, ainsi qu'elle a fait au passé, la décharge de la condamnation portée contre elle, par notre dite sentence du quinze novembre 1694. Vu laquelle requeste, signée Claude Prévost, pour sa mère; l'extrait des assemblées générales et consulaires de la chambre de l'échevinage du 14e jour du mois de juillet 1616, contenant le règlement provisionnel fait pour les fours et auges des héritages aboutissant sur la rivière; le jugement rendu en cette chambre, le 2 juillet 1626, concernant la bonde des héritages appartenant à la dite veuve Prévost; un autre jugement aussi rendu en cette chambre le 15 novembre 1644 à la requeste du procureur du roi, contre la dite veuve Prévost, et les autres propriétaires et locataires des héritages répondant au canal qui est depuis les moulins de la Molline, jusqu'à cette ville, signifié à la dite veuve Prévost, par exploit de Clément du 25 septembre de la présente année. Conclusions du procureur du roi. »

« Il est ordonné que le jugement du 2 juillet 1626 sera exécuté, et en conséquence la dite veuve Prévost déchargée des condamnations portées par le dit jugement du quinzième jour du mois de novembre 1694. »

« Fait et arrêté en la chambre du conseil de l'échevinage de Troyes, ce lundi 24 jour du mois de novembre 1698. »

(Registres de l'échevinage; archives de l'hôtel-de-ville.)

7

mension de l'estœuf, en conformité des réglements, les bondes du Vouldy et du pré l'Evêque, pour que les moulins ne fussent pas empêchés de faire leur fonction.

Enfin, un jugement du 12 août 1834, du tribunal de première instance séant à Troyes, condamnait M. de Séjourné à mettre à fond la vanne de la bonde du Vouldy (1) lorsque l'eau ne passait pas sur le coulis du gouffre. Mais cette bonde, qui avait été agrandie en faveur d'une filature établie au faubourg Saint-Jacques par M. Teisseire, présentait une ouverture beaucoup plus considérable que ne le comportaient les anciens réglements. La filature ayant été abandonnée, cette bonde devait être rétablie suivant ses dimensions primitives; ce qui a été consenti par le propriétaire, le 14 août 1840. Ce jugement ne nous semble donc, pas plus que les précédents, résoudre la question d'une manière générale, puisqu'à l'administration seule appartient le droit de réglementer la matière. Il ne découle par conséquent de tous ces actes aucun fait qui infirme en rien notre opinion sur l'égalité des droits des bondes et des usines.

Il paraîtrait que vers le milieu du xviiie siècle, l'industrie du blanchiment des toiles fit un progrès, ou que plutôt on remplaça la force de l'homme par celle d'un courant d'eau, pour faire tourner les moulins à *blanchir toiles*.

(1) Il y a ici une erreur qui remonte à l'ordonnance municipale du 27 septembre 1815. Ce n'est pas la bonde du Vouldy que l'on avait demandé à agrandir, et que l'on a en effet agrandie, mais bien la bonde de l'Oratoire. Il existe dans les archives de l'hôtel-de-ville une transaction par laquelle M. Teisseire et le propriétaire du Vouldy conviennent de reporter sur la bonde de l'Oratoire tous les avantages qui avaient été concédés à celle du Vouldy, par l'ordonnance précitée.

Des ordonnances des 27 août 1761, 25 juillet 1771, et juillet 1788 fixent à 5 pouces ($0^m 135$) de largeur sur autant de hauteur, la dimension des bondes destinées à fournir de l'eau à ces moulins. Dans ces actes l'on remarque encore que toujours l'administration était guidée par l'intérêt du moment, et que si la possession était assez forte pour l'empêcher de détruire, elle ne l'était pas assez pour l'empêcher de modifier ; car il est évident que les nouvelles bondes étant six fois plus grandes que les premières, il en résultait une dépense d'eau plus considérable, préjudiciable à ceux qui en profitaient auparavant. Pourtant, en agrandissant quelques bondes, l'administration se réservait le droit de les réduire à leurs dimensions primitives, et ce droit ne saurait lui être contesté.

Du reste, l'ordonnance du 4 décembre 1788 (voy. page 57), en enveloppant dans une même défaveur les bondes et les usines autres que celles à *moudre grain*, rétablit l'application des principes généraux de justice qui ont toujours dû guider l'administration, et l'ont en effet toujours guidée dans ses actes.

Il n'est pas hors de propos de dire ici qu'en 1689, un sieur George Poupot demanda et obtint l'autorisation de réparer une bonde existant de *temps immémorial* dans son jardin, aux Terrasses. Même autorisation fut accordée en 1758 aux sieurs Milony, propriétaires aux Bas-Trévois ; et, en 1776, au sieur Claude Petit, jardinier au même lieu. Nous ferons observer que, dans ces autorisations, il n'est fait aucune réserve des droits de la ville ou des usines.

Outre les bondes situées en amont de la ville, au nom-

7*

bre de trente-six, et dont aucune ne paraît avoir de titre
constatant son origine, il en existe quatre autres en aval :
l'une, dite bonde Gendret, est située dans le fossé nord de
la ville, près la porte de Preize, et les trois autres à Fouchy, sur un terrain appartenant aux hospices de Troyes.

§ III. — *Bonde Gendret.*

La bonde Jendret date de l'an 1260, ainsi que le
prouve une charte du roi de France Charles VI, du 17
octobre 1402 (1).

(1) « KAROLUS DEI GRATIA FRANCORUM REX,........ ETC.

« Comme certain plaid et procès feust et soit mu et pendant en la cour de
parlement dès environ l'an mil troys cens et quatre vins et depuis dévolu par
devant nozseigneurs qui dairenièrement ont tenu les grans jours à Troyes
pour le roy nostre sire ; entre le procureur du roy nostre sire au bailliage de
Troyes, doyen et chapitre de Troyes, Ancelot d'Aubterre sergent du roy nostre
sire et commissaire d'icelluy seigneur en cette partie demandeurs et complaignans en cas de saisine et de nouvelleté d'une part, et religieuses personnes les
maître et couvent de la Trinité de Troyes (*) défendeurs et opposans d'autre
part. Sur ce que le dit procureur proposoit et maintenoit que au roy nostre
sire à cause de son domaine et de la conté de Champagne et autrement deue-
ment appartenoit et estoit en bonne possession et saisine seul et pour le tout de
l'eaue et doves des fossez et faulx fossez de la forteresse de la dicte ville et des
fozbours d'icelle, de la pescherie et prouffit des poissons estant en iceulx fossez
et appartenans comme ils se comportent et extendent de touttes parts, et aussi
d'avoir toute l'ordonnance, disposition, gouvernement et prouffit des dictes
eaues et du cours d'icelles et des diz fossez et faulx fossez et appartenances de
y avoir, tenir et posséder plusieurs aultres drois et possessions ; disoient aussi
les diz demandeurs complaignans qu'ils estoient en bonne possession et saisine
que les diz fossez et faulx fossez soient tenus et demeurent en estat et disposition ancienne et accoutumée, et que les eaues d'iceulx aient leurs cours entié-

(*) L'église de la Trinité est figurée à l'entrée du faubourg de Preize, sur une carte dont le
premier tirage a eu lieu en 1697. Deux autres tirages de la même carte ont eu lieu en 1727 et
en 1747.

Cette bonde est alimentée par le biez du moulin de
Saint-Quentin, avec lequel elle se trouve en communauté

rement par iceulx fossez et faulx fossez et tout à plain à l'ordonnance et disposition du roy nostre sire et des diz complaignans, sans ce que les diz defendeurs
opposans ne aultres quelconques puissent les dictes eaues detorner ou diminuer
ne lear empescher leur droit cours ou disposition accoustumez, ne faire ou construire ès dictes eaues, fossez et faulx fossez ne ès d'iceulx auges, bondes, pels,
planches ne aultres ouvrages, édifices ou empeschement quelconques ne qu'ils
y oient que veoir ne que cognoistre et que des choses dessus dictes les diz demandeurs et complaignans avoient joy et usé par longtemps, disoient que ce
nonobstant les diz défendeurs et opposans et aultres de par eulx dont ils ont eu
le fait pour agréable ont de fait ouvert la dove des fossez et faulx fossez de la
dicte ville et forteresse et derrière la tour et les murs d'icelle ville et forteresse au lez devert leur église et y mise et assise de nouvel une grant auge
comme la bonde d'un estang d'environ demy pié et quatre dois d'ouverture
quarré au menu bout ou environ et fitché plusieurs grans pieulx et estoz ès
fossez des diz fozbours et fait plusieurs pons en planches et pieulx, que par la
dicte auge ou bonde fait couler ou courir à grant habundance l'eaue hors des
diz fossez et de la dicte forteresse et lui toult et destorne son droit cours ancien
et naturel, et fait cette eaue des diz fossez aler et courir à grant habundance par
la dicte auge ou bonde en un leur moulin qu'ils ont fait et fait faire et construire assis prés et au dessoubs des diz fossez, en vuidant icelle eaue des diz
fossez. Disoient outre que les diz défendeurs avoient estoupé et fait estouper
une ancienne bonde qui estoit en la dove d'un des diz faulx fossez, entre les
grans fossez de la ville et forteresse de Troyes, et les fossez des fozbours de
la dicte ville, par devers laquelle l'eau venoit en iceulx fossez, et d'icelle eaue
avoit donné cours à icelui moulin, et par ce disoient iceulx demandeurs estre
troublez et empeschez en leurs possessions et saisines indeuement et de nouvel.
Et de la partie des diz défendeurs furent dictes et proposées plusieurs raisons
au contraire ; c'est-à-savoir que feu de bonne mémoire Thiébault, jadis roi de
Navarre, conte de Champaigne et palatin de Brie, fonda la dicte église de la
sainte Trinité de Troyes, pour laquelle fondation donna à icelle église plusieurs
belles terres, rentes, possessions, saisines et héritages dedans lesquels héritages
les fossez et faulx fossez devers la porte de Comporté, qui depuis la dicte fondation ont esté fait, sont situés et assis, disoient avec ce que le diz roi de Navarre et conte de Champaigne, leur donna et octroya ses lettres données au
mois d'aoust l'an mil deux cent et soixante, par lesquelles il leur donna en au-

d'eau, puisque son seuil est placé à 0ᵐ 40 en contre-bas du couronnement du déversoir de ce moulin, rétabli de niveau comme on l'a indiqué plus haut.

mosne la pescherie des fossez vers la dicte porte de Comporté et le cours de la rivière de Saine, pour aller descendre en leurs maisons et église, pour leurs nécessités et affaires quelconques, et que à ce titre en avoient et ont joy et usé paisiblement de tout temps. Disoient, oultre iceulx défendeurs que la rivière de Saine se descendoit ès diz fossez de Comporté par une bonde qui estoit vers le lieu où il y a à présent une tour appelée Clémence, et par iceulx fossez la dicte rivière de Saine avoit son cours et descendoit ès-fossez de la Trinité et d'illec (*), venant au dit lieu de la Trinité pour touttes leurs aisances comme dit est et d'illec prenoit et prent son cours par deux fossez, et sont en une rue que l'on dit Préeze et chiet (**), arrière en la dicte rivière de Saine, et avec ce, que quant on commença à fortifier la ville de Troyes pour cause de la guerre, que l'on fist faire faulx fossez et dos dasne derrière la tour et vers le dit lieu de Clémence, la bonde qui estoit d'ancienneté par laquelle la dicte rivière de Saine venoit ès diz fossez et par iceulx, au lieu de la dicte Trinité fut refaitte, et quant on y fist murs de pierres l'on y fist une petite arche et une auge de pierre pour avoir à la dicte rivière son cours qu'elle y avoit par avant. Disoient avec ce iceulx défendeurs que pour ce que les diz faulz fossez estoient en leur héritage y fut mis une auge ou bonde dessoubz les dos dasne par laquelle l'eaue de la rivière de Saine venoit ès diz faulx fossez au lieu de la Trinité, et pour leurs aisances et nécessitez et ce fut fait et advisié par justice et grant quantité de gens notables de la ville de Troyes, tant d'église comme aultres, et tout pour garder le droit des diz religieux; disoient encore plus iceulx défendeurs que de leurs droits, possessions et saisines apparoit clairement tant par ce que dit est comme par lettres qu'ils ont de feu Hugues Daulisy, jadis maistre des eaues et foretz données l'an mil trois cent quarante-quatre, de Jehan Largentier, pour lors lieutenant du bailly de Troyes, données l'an mil trois cent soixante-trois, et aussi par lettres données par le bailly de Troyes, l'an mil trois cent soixante-dix-huit, par lesquelles appiert que la main du roy nostre sire, et aucuns aultres empeschemens mis ès dictes possessions et saisines des diz défendeurs fut osté pleinement à leur proufit, et par ce disoient estre en possession et saisines, d'avoir et joïr de la dicte eaue de Saine, et faire les dictes bondes tout au long pour leurs aisances et par la forme et manière que les dictes bondes estoient faictes et plus largement si bon leur sembloit et d'icelles posses-

[*] De là. [**] Tombe.

L'orifice de cette bonde, dont la forme et les dimensions ont été conservées traditionnellement, a la figure irrégulière d'un rectangle surmonté d'un trapèze, dont le petit côté régulier ferait prolongement à l'un des petits côtés du rectangle. Ses dimensions sont : pour le rectangle 0^m 45 de longueur, sur 0^m 165 de hauteur ; et, pour le trapèze, 0^m 295 de longueur moyenne, sur 0^m 085 de hauteur. Ces dimensions donnent, avec le régime légal du biez, un écoulement de 141 litres d'eau par seconde (1).

sions et saisines avoient joy et usé aux aultres causes et moyens que dessus par tel et si longtemps qu'il n'est mémoire du contraire, esquelles iceulx défendeurs disoient être empeschiez par certains explois faiz par iceulx demandeurs à l'encontre des diz défendeurs, en proposant plusieurs autres faiz et raisons d'un costé et d'autre, et concluant tout prenant en cas de nouvelleté et à despens laquelle cause a esté depuis renvoiée par le général Remion, à ces présens grans jours de Troyes, l'an mil trois cent quatre-vins et quinze. Finablement les dictes parties pour paix et amour nourir entre elles et eschever (*) toute matière de plait, procès et les grans frais qui s'en pourroient ensuivre, et aussi veus par iceulx demandeurs les tiltres, causes et moyens des diz défendeurs, dont dessus est faitte mention, tant par chartes données du dit roy Thiébault, jadis conte de Champaigne, prédécesseur du roy, nostre sire, comme par plusieurs aultres lettres et autrement. Sont d'accord, s'il plaît à la cour, en la manière qui s'en suit, c'est à savoir que les diz défendeurs *seront et soient tenus maintenus et gardés en possession* et saisine d'avoir le cours de la dicte eaue de Saine, et d'avoir la dicte bonde par où l'eau puisse courir et aler en la dicte église de la Trinité, pour l'aisance des diz de la Trinité, et tout par la forme et manière qu'ils avoient accoustumé par avant les diz empeschemens, et que de présent ils en usent. Lesquels empeschemens parmi (**) ce présent accord puissent aucunement porter préjudice aux chartes et priviléges des diz défendeurs, ores (***) ne pour le temps à venir et parmi ce les dictes parties se départent de court sans amende, et sans dépens d'une partie ne d'autre. *Ad quod. etc.*

» 17 octobre 1402, arrêt des grans jours de Troyes. »

(*Archives du département de l'Aube.*)

(1) La hauteur de l'eau au-dessus du centre du rectangle est de 0^m 3175,

(*) Éviter. (**) Moyennant. (***) Aujourd'hui,

Après avoir déterminé la dépense de la bonde Gendret, il est nécessaire de déterminer aussi celle du moulin de Saint-Quentin, pour trouver le rapport suivant lequel doit se faire le partage. Il semblerait, au premier abord, que la dépense de ce moulin dût être donnée par le volume d'eau que lui transmet celui de la Tour, ajouté à la quantité qui passe par la vanne du Pouce, moins celle qui s'écoule par la bonde Gendret. Une telle base ne serait cependant équitable qu'autant qu'il serait prouvé que les roues du moulin de Saint-Quentin présentaient moins de résistance que les autres roues de la dérivation : or cette hypothèse n'est pas admissible. Les eaux de la nouvelle Vienne rendraient d'ailleurs cette appréciation bien incertaine, à cause des variations de leur volume. Il est plus naturel de supposer que le moulin de Saint-Quentin n'avait toute sa force que quand il passait de l'eau sur le déversoir du Pouce, et alors on sera conduit à prendre, pour estimer cette force, les éléments qui ont fourni celle du moulin de Brusley. La dépense comparative du moulin de Saint-Quentin est par conséquent de 3m 882 cubes par seconde (1).

Il en résulte que les droits respectifs du moulin de St.-Quentin et de la bonde Gendret, au partage de l'eau du biez, sont dans le rapport de 3882 à 141, ou qu'enfin le

---

celle au-dessus du centre du trapèze est de $0^m 1975$ D'après ces données et en opérant sur le trapèze comme sur un rectangle, la formule déjà employée,

$$Q = 0,60 \ LE\sqrt{2\,g\,H}$$

donne :

$$Q = 0,60 \times [(0,45 \times 0,165 \times \sqrt{19,62 \times 0,5175}) + (0,295 \times 0,085 \times \sqrt{19,62 \times 0,1975})] = 0^m 141 \text{ cube.}$$

(1) Voy. page 86, le calcul de la dépense d'eau du moulin de Brusley.

moulin doit avoir les 965 millièmes du produit du biez, et la bonde les 35 millièmes seulement.

On demandera peut-être pourquoi nous mettons sur la même ligne les droits d'un moulin et ceux d'une simple bonde ? A cela nous répondrons que, dans l'origine, il n'a été fait de distinction entre ces droits qu'autant que le moulin était *à grain ;* et que cette distinction était motivée par l'impérieuse nécessité, qui n'existe plus aujourd'hui, de moudre le grain par la force hydraulique. D'ailleurs, la charte de Charles VI exprime, que l'eau de la bonde Gendret servait à faire marcher le moulin de la Ste.-Trinité, et aujourd'hui encore cette eau fait tourner le moulin de la Chapelle Saint-Luc. Ces motifs sont plus que suffisants pour établir la parité.

§ IV. — *Bondes de Fouchy, ou de l'Hospice.*

Les trois bondes de Fouchy sont situées, deux sur la rive gauche et une sur la rive droite de l'ancien canal de navigation, dit *canal de Fouchy.*

Pour établir l'origine de ces bondes, nous ne pouvons mieux faire que de donner quelques extraits d'un mémoire sur délibéré pour les doyen, chanoines et chapitre de St.-Etienne, contre le sieur Daudier, et qui a été publié vers 1770. On lit dans ce mémoire :

« Par des lettres patentes du mois de novembre 1676, enregistrées en la cour par arrêt du 6 août 1677, le Roi avait accordé à plusieurs particuliers intéressés en la navigation de la Seine et autres ruisseaux y affluants, la propriété de tous les canaux qu'ils rendraient navigables. Il

leur accorda même depuis la seigneurie sur ces canaux,
aux conditions qu'ils indemniseraient à l'amiable les propriétaires des terrains qu'ils emploieroient pour la construction de ces canaux.

» Dans l'arrangement que prirent les entrepreneurs pour
la construction du canal de Fouchy, il se trouva plusieurs
pièces de prés appartenant au chapitre de Saint-Etienne de
Troyes, dont ils s'emparèrent, conformément à la faculté à
eux accordée par les lettres patentes.

» Il fut alors question de dédommager le chapitre de
Troyes des prés et héritages pris sur leurs possessions ;
l'indemnité fut fixée à la somme de 2060 livres, et le 28
août 1700, il fut passé entre le chapitre et les entrepreneurs une transaction dont il est nécessaire de rapporter
les dispositions, puisqu'elle sert de titre au chapitre pour
fonder ses prétentions. »

« Le chapitre y reconnaît avoir reçu, etc.........
.... Il y est en outre exprimé que comme le
chapitre avait une bonde double composée de deux tuyaux
de planche d'un pied en carré d'ouverture, à la tête du
fossé noir, pour arroser ses prés, les entrepreneurs se sont
obligés d'en faire construire une semblable à l'endroit qui
leur sera indiqué, laquelle bonde sera entretenue par le
chapitre, qui en aura la disposition, pour arroser ses prés,
adjacents et aboutissant au canal, quand bon semblera ;
les intéressés se sont de plus obligés de faire une rigole à
l'endroit où sera posée ladite bonde, qui aille regagner
l'ancienne rigole qui avait été faite par le chapitre pour
l'arrosement de ses prés ; et si le chapitre jugeoit plus à
propos de diviser la double bonde et la placer en deux en-

droits, les intéressés sont convenus d'en placer une à leurs dépens, et de fournir l'autre toute façonnée au chapitre qui la feroit placer à ses dépens ; enfin il a été convenu que si le chapitre avait besoin d'une troisième bonde, il pourroit la faire construire où bon lui sembleroit à ses dépens, pourvu qu'elle n'excédât pas la grandeur d'un pied en quarré, etc...........

.... Le droit du chapitre fut encore confirmé par une autre transaction du 7 juillet 1736.

« En conséquence, le chapitre fit construire à grands frais un pertuis, auquel il faut poser des aiguilles lorsqu'on juge à propos de faire arroser les prés, et depuis 1700, il jouit sans trouble des droits qu'il s'était réservés par la transaction dont on vient de parler....... »

D'où le chapitre tenait-il la concession d'une prise d'eau par une bonde double présentant une ouverture de deux pieds carrés ? C'est ce que nous ne saurions dire. Nous ne saurions exprimer non plus la valeur numérique de cette concession, puisque le niveau des bondes n'est pas déterminé, et que d'ailleurs un arrêt du parlement (1)

---

(1) Rendu sur une demande de Claude Gabriel Daudier, propriétaire du canal de navigation et des moulins de Fouchy, tendant à être autorisé à faire construire un vannage en tête de ce canal pour y verser l'eau nécessaire aux irrigations. Le maître particulier des eaux et forêts accorda l'autorisation en 175c ; et un procès-verbal de la pose de ce sureau fut rédigé, en conséquence, le 14 septembre de la même année. On y lit :

« Ils ont lieu d'être surpris (Messieurs du chapitre de Saint-Etienne), que dans la requeste que le sieur Daudier nous a donnée, il ait obmis de parler de l'arrest du parlement, du trente juin mil sept cent quarante-neuf, de convenir, en conséquence, que le propriétaire de ce canal (surnommé de la navigation), est obligé d'y entretenir l'eau de manière que le chapitre de Saint-Etienne

exprime que l'eau doit être en suffisante quantité pour ir-
riguer, sans s'arrêter à aucune idée de mesure.

On voit dans un autre mémoire de 1745 que les propriétaires des prés de Saint-Etienne avaient obtenu une sentence qui leur permettait de faire rompre deux batardeaux
construits dans le canal de navigation, et qui retenaient
l'eau pour le moulin de Fouchy (1).

puisse jouir de l'eau suffisamment pour l'arrosement de leurs prés par leur
bonde et pertuis ; cependant, non-seulement il n'en est pas dit un seul mot,
mais encore il semble l'avoir oublié en attribuant seulement la propriété de ce
canal à la navigation ; en sorte que le dit chapitre se trouve obligé de nous re-
montrer que, étant dans le besoin indispensable d'arroser utilement et commo-
dément leurs prez en temps et saison, et ce droit lui étant acquis et confirmé
par l'arrêt sus-daté, ils comparoissent pour se renfermer dans l'exercice de ce
droit, en sorte qu'ils n'en puissent souffrir par la suite aucun dommage ni retard ;
dommages par l'inondation qui pourroit être causée par l'entreprise du dit sieur
Daudier, et retard dans les temps du besoin de l'arrosement, n'entendant empescher ni prêter aucun consentement aux opérations requises par le dit sieur
Daudier, d'autant qu'ils ne peuvent connoître le bien ou le mal qui pourront
résulter de son entreprise que par les évènements qui en résulteront. Pourquoy
protestent de se pourvoir contre le dit sieur Daudier au premier moment qu'ils
pourront se trouver dans le cas de souffrir de la dite entreprise de telle façon
que ce puisse être. »

Et plus bas :

« .... Nous auroient dit (les experts) que pour établir un parfait équilibre dans la répartition des eaux, il convenoit que le seuil à poser sur le dit
canal, dût être au même niveau et de même hauteur que celui du moulin de
Fouchy, et que les vannes fussent de la hauteur de trois pieds, en conséquence,
aurions ordonné aux dits experts de marquer les repaires nécessaires pour l'é-
tablissement du dit seuil et des vannes qui doivent être assises dessus, ce qu'ils
auroient exécuté en notre présence et celle des dites parties ; dont et de tout ce
que dessus avons fait acte pour servir et valoir ce que de raison. »

Signé MAINE.
(Archives administratives du département de l'Aube.)

(1) « Sentence pour maître Louis Daudier, conseiller du Roy, controlleur

Tout ce que l'on peut conclure de ceci, c'est que les propriétaires de ces prés ont acquis, par concession et par transaction, le droit de les arroser toutes les fois qu'il en est besoin. Mais là s'arrête le privilége, et ces irrigations sont nécessairement soumises aux réglements, qui défendent de les étendre au-delà de la propriété riveraine, et qui ordonnent de rendre l'excédant de l'eau à son cours ordinaire.

Il est donc sans importance de chercher la largeur qu'avait autrefois le pertuis pratiqué dans le barrage de Fouchy, et que MM. les administrateurs des hospices fixent à 0ᵐ 975 (3 pieds). Quant au seuil, le procès-verbal de 1750 indique qu'il était au niveau de celui du moulin de Fouchy (1).

au grenier à sel de Villacerf, et propriétaire du moulin de Fouchy, contre les doyen, chanoines et chapitre de l'église royale et collégiale de Troyes.»

(*Archives administratives du département de l'Aube.*)

(1) Nous avons pensé que l'on ne serait pas fâché de voir réunies en un tableau les dimensions des bondes telles qu'elles ont été fixées par les derniers réglements. Nous y joignons le volume d'eau auquel chacune donne écoulement, sous la charge légale, c'est-à-dire lorsque l'eau se trouve dans les biez à son niveau de régime. Toutefois nous ferons observer, que la précaution que l'on a prise de mettre les plaques qui réglent l'écoulement de l'eau, à une assez grande distance de l'embouchure des canaux en bois, nous a été empêché de vérifier si ces plaques étaient toujours à leur place. Enfin, nous dirons que dans notre opinion les chiffres de ce tableau ne déterminent aucun titre, ni aucun droit, et que nous les publions plutôt comme documents intéressants que pour servir de base à un nouveau réglement.

Voir les tableaux pages suivantes.

TABLEAU des dimensions des Bondes et du produit de l'écoulement auquel elles donneraient lieu, si le niveau était maintenu dans les biez à la hauteur légale.

DÉSIGNATION DU CANAL d'où l'eau s'écoule.	DÉSIGNATION DU CANAL où l'eau se jette.	DÉSIGNATION DES BONDES.	SURFACES EN CENTIM. CARRÉS. D'après les derniers réglemens.	D'après les réglem. primitifs.	HAUTEUR Depuis le centre de l'orifice jusqu'au niveau légal du biez.	PRODUIT de l'écoulement en une seconde. D'après les derniers réglemens.	D'après les réglemens primitifs.
Biez de la Moline.	Canal de la Vacherie.	Bonde dite Camusal.	263	29	0m 22	0mc 0328	0mc 0036
Biez de la Fave.	—	Bonde Soussier-Charve.	110	20	0, 20	0, 0130	0, 0034
Biez de la Pielle, Jaillard. et Moldançon.	—	1 Bonde Taviau et Petit.	29	20	0, 20	0, 0034	0, 0034
	—	2 Bonde dite de l'Hôpital.	29	20	0, 30	0, 0042	0, 0042
	—	3 Bonde Jorry.	29	20	0, 20	0, 0034	0, 0034
	—	4 Bonde dite de l'Oratoire.	1431	29	0, 41	0, 2438	0, 0049
	—	5 Bonde dite du Vouldy.	183	20	0, 70	0, 0407	0, 0064
	S.-biez de la Pielle.	6 Bonde dite Donine.	29	29	0, 35	0, 0065	0, 0045
	S.-biez de Jaillard.	7 Bonde du Pré-l'Évêque.	2535	29	0, 44	0, 4506	0, 0051
		8 Bonde dite Dion (1).	14,5	14,5	0, 35	0, 0022	0, 0022
		9 Bonde du G.-Séminaire (2).	900	»	0, 60	0, 1852	»
Biez du moulin le Roy.	La Nagère.	1 Bonde l'Évêque.	»	29	0, 12	»	0, 0026
	Sous-biez le Roy.	2 Bonde Goubaud.	»	29	0, 13	»	0, 0027
	La Nagère.	3 Bonde du moulin le Roy (3).	»	»	»	»	»
Biez de N.-Dame.	S.-biez de N.-Dame.	1 Bonde Boillelot.	800	»	0, 00	0, 0000	0, 0000
	La Nagère.	2 Bonde Noire-Dame.	50	29	0, 20	0, 0059	0, 0034
Bic de Pétail.	Le Triffoir.	4 Bonde Masson.	450	»	0, 00	0, 0000	0, 0000
	La Nagère.	3 Bonde Boillelot.	29	29	0, 53	0, 0036	0, 0056
Canal des Trévois.	—	1 Bonde Ferrand.	29	29	0, 13	0, 0027	0, 0027

Canal des Trévois. La Nogère	2 Bonde Claude Vejut.	29	29	0m 27	0mc 0040	0mc 0040
—	3 Bonde Ferrand neveu.	182	29	0, 35	0, 0286	0, 0045
—	4 Bonde Janet.	29	29	0, 53	0, 0056	0, 0056
—	5 Bonde Toulouse.	29	29	0, 44	0, 0051	0, 0051
—	6 Bonde Anheim.	1,52	29	0, 35	0, 0286	8, 045
—	7 Bonde Abit.	29	29	0, 60	0, 0059	0, 0059
—	8 Bonde Vauthier.	29	29	0, 40	0, 0048	0, 0048
—	9 Bonde Thiéblin-Roussel.	182	29	0m 40	0, 0374	0, 0059
—	10 Bonde Jacquin	182	29	0, 55	0, 0303	0, 0048
—	11 Bonde Lagneau	29	29	0, 65	0, 0057	0, 0057
—	12 Bonde Colin	29	29	0, 70	0, 0062	0, 0062
—	13 Bonde Brunel-Thiéblain	20	29	0, 55	0, 0064	0, 0064
Bras sup.r du Vouldy	14 Bonde Thiéblain-Colin	20	29	0, 65	0, 0057	0, 0057
—	15 Bonde Argentin	29	29	0. 65	0, 0062	0, 0062
—	16 Bonde Argentin	29	29	0, 73	0, 0062	0, 0062
—	17 Bonde Thiéblain-Jolly	29	29	0, 65	0, 0 67	0, 0 67
—	18 Bonde Masson	29	29	0, 75	0, 00?2	0, 0062
—	19 Bonde Prottin	20	29		0, 0067	0, 0067
Biez de St-Quentin Canaux des Tanxel. Bonde Gendrot (4)		»	•	»	»	»
Canal de Fouchy Elle doit rentrer dans le même canal. Bondes de l'Hospice (5)		»	»	»	»	»

(1) Cette bonde faisait, à ce qu'il paraît, exception à la règle générale et n'avait qu'un demi estœuf de mesure.

(2) Cette bonde ne paraît pas avoir la même origine que les autres, et elle n'est comprise dans aucun des réglements que nous avons consultés. La surface portée au tableau est prise sur la pièce elle-même.

(3) Cette bonde n'a pas une hauteur limitée, elle est fermée par une vanne de 1m 17 de largeur et fournit de l'eau pour faire tourner une petite roue.

(4) Voyez page 100. (5) Voyez page 105.

~~~~~~

CHAPITRE V.

DES CANAUX DE L'INTÉRIEUR DE LA VILLE.

§ I. — *Roues dites volantes.*

Nous allons essayer de traiter cette partie délicate de la distribution de la Seine, avec le même soin, et avec le même désir de découvrir la vérité, que nous avons apportés dans l'examen du régime du moulin de Paresse. Ces deux questions, également litigieuses, mais dans un sens différent, ont donné lieu depuis long-temps à des controverses, où l'on n'a pas toujours remonté à la source des choses pour chercher la lumière.

On sait déjà que les canaux et traversins du quartier des Tanneries furent creusés dans le xiie siècle, pour fournir de l'eau aux manufactures. Le canal des Trévois fut prolongé jusque dans la ville, et divisé d'abord en deux bras. On appela l'un, le Grand-Ru, et l'autre le Petit-Ru, et celui-ci fut encore divisé un peu plus bas en deux autres bras. Ces trois canaux furent mis en communication par une foule de canaux transversaux appelés Traversins, et qui n'ont peut-être été creusés que successivement. Enfin toutes les eaux furent réunies dans un dernier canal, appelé ru Cordé, et conduites au moulin de la Tour.

Il paraît que la largeur du grand ru fut fixée uniformément à douze pieds (3^m 90), celle du petit ru à sept pieds (2^m 27), et celle des deux bras qui en dérivent à quatre pieds (1ᵐ 30) chacun. Cette largeur n'empêcha pas qu'une forte pente, 1ᵐ 80, ne fût ménagée dans tout ce parcours de l'eau, depuis le déversoir de Croncels jusqu'au moulin de la Tour; et, par actes émanés à diverses époques de la chambre de l'échevinage, il demeure prouvé que l'on apportait le plus grand soin à prévenir toute espèce de dépôts pouvant faire obstacle au libre écoulement de l'eau.

Au premier abord, on peut se demander quel motif avait pu déterminer à sacrifier ici une chute de 1ᵐ 80 de hauteur, alors qu'on laissait à côté, à peine 0ᵐ 10 à 0ᵐ 15 de pente, pour l'écoulement de l'eau entre deux usines placées sur un même canal.

M. Crozet, ingénieur des ponts et chaussées, qui a particulièrement étudié le régime des canaux de l'intérieur de la ville, et auquel nous avons déjà fait quelques emprunts, nous fournira, dans son rapport du 18 septembre 1818, sur le régime du moulin de la Tour, une partie de la réponse.

« Le moulin de la Tour, dit-il, est garni de trois roues. Autrefois, ces trois roues étaient en mouvement dès que les eaux affleuraient le déversoir de Croncels. Dans la saison des basses eaux, deux roues tournaient, et dans les moments de sécheresse extraordinaire, les eaux du bief suffisaient au moins au service d'une roue; ces faits sont de notoriété publique. » (1)

Nous tirerons provisoirement de ces faits une première conclusion; c'est que, pour que l'eau arrivât en suffisante quantité au moulin de la Tour, il fallait que son

_____

(1) Aujourd'hui, dans les moments de sécheresse, une roue peut à peine tourner la moitié du temps.

niveau dans le canal des Trévois fût à la hauteur du déversoir de Croncels, à une époque antérieure à l'exécution
des divers travaux qui, depuis le commencement de ce
siècle, ont complètement changé le régime des rus et traversins. M. Crozet, qui était plus rapproché de cette époque, a pu mieux que nous consulter la notoriété publique.

Revenons à la suite du travail de M. Crozet. Cet ingénieur ajoute : « Il n'en est plus de même aujourd'hui.
J'ai examiné pendant plusieurs jours le régime de cette
usine ; voici le résultat de cet examen : depuis plus de
deux mois, une seule roue tourne, et avec une telle len-
teur que son produit ne s'élève pas au quart du produit
ordinaire ; cette roue même ne tourne pas constamment.
La nuit, le service de cette roue se fait fort bien ; l'eau ne
manque pas, la vitesse est suffisante jusqu'à cinq ou six
heures du matin ; mais, depuis cette heure, l'eau baisse
dans le bief, et on est souvent forcé d'interrompre le mouvement de la roue, et de laisser l'eau se *refaire.* »

Plus loin, M. Crozet dit encore que l'eau, passant par-
dessus le déversoir de Croncels, le meûnier de la Tour ne
pouvait mettre que deux roues en mouvement, bien que
ses vannes et son radier fussent en bon état.

Qu'y avait-il alors dans les rus qui empêchât l'eau de
descendre au moulin de la Tour ? M. Crozet y trouva une
multitude de pieux destinés à supporter des lavoirs ; il
remarqua plusieurs empiètements faits sur le lit des canaux, et enfin six roues à aubes dites volantes, dont cinq
étaient placées dans des coursiers qui rétrécissaient le lit
du canal, et une qui en occupait toute la largeur. Les roues
placées dans des coursiers avaient latéralement des vannes
qui permettaient de faciliter, au besoin, l'écoulement de

l'eau, mais non pas toutefois autant que l'état des canaux dans leur largeur primitive et telle qu'elle existait avant ces différents empiètements. Ce fut au moyen de ces vannes que M. Crozet se livra à des expériences (1) qui lui firent acquérir une certitude physique de la distraction d'eau que ces roues occasionnaient au préjudice du moulin de la Tour. A quel résultat fût-il parvenu, s'il avait pu établir le régime de ces canaux dans son état primitif, tel que nous venons de l'indiquer ?

(1) « Le 29 août, dit M. Crozet, dans le même rapport du 18 septembre 1818, je me suis transporté au moulin de la Tour : la différence entre le niveau des eaux et le plan supérieur des vannes était de $0^m 55$: une roue tournait très-lentement, le meûnier ne lui donnait que $0^m 20$ de hauteur d'eau. J'ai fait lever la vanne motrice de manière à en donner $0^m 33$, la roue a tourné alors avec une vitesse suffisante ; mais au bout d'une heure, l'eau avait baissé devant les vannes de $0^m 15$, le bief se vidait et la vitesse de la roue avait déjà diminué de plus d'un tiers. La vanne motrice remise à son premier point, l'eau est revenue à $0^m 55$ au-dessous des vannes au bout d'une heure et demie. Pour faire un premier essai, j'ai fai lever la vanne de M. Baudouin (*), en une heure l'eau s'est élevée de sept centimètres devant les vannes de la Tour.»

« Le dimanche 30 août, il y avait la même différence de $0^m 55$. Les fabricants travaillaient par extraordinaire : j'ai fait lever toutes les vannes de ces fabriques, je me suis assuré que la vanne motrice n'était levée que de $0^m 20$ comme la veille.»

« Au bout d'une heure, la différence n'était plus que de $0^m 22$, au bout d'une heure et demie que de $0^m 20$, au bout de quatre heures plus que de $0^m 18$; le soir à 10 heures, la roue de M. Lavenue tournait seule, cette différence était de $0^m 29$. L'eau s'est maintenue à ce dernier niveau jusqu'au lendemain à cinq heures du matin, et la roue s'est mue avec toute la vitesse désirable.»

« Le 31 août les fabricants ont mis leurs vannes à fond à cinq heures du matin ; dès lors l'eau a baissé devant les vannes de la Tour; à huit heures la même différence de $0^m 55$ s'est retrouvée entre les eaux du bief et l'affleurement des vannes ; à dix heures cette différence était de $0^m 66$, la roue s'est arrêtée.

(*) Cette vanne est à l'extrémité aval du grand ru.

Aujourd'hui le régime des rus est peut-être encore plus altéré qu'en 1818 ; les roues ne sont plus, il est vrai, placées dans des coursiers, mais au lieu de six il y en a neuf qui occupent toute la largeur des canaux, contrairement aux conventions en vertu desquelles elles ont été tolérées. De nouvelles anticipations sont venues se joindre aux anciennes, en sorte que cette largeur se trouve en plusieurs points réduite de plus de moitié. Enfin il règne dans cette partie de la division des eaux un tel relâchement des réglements, qu'il est urgent dans l'intérêt public de prendre les mesures les plus énergiques pour réprimer toutes ces entreprises.

Nous n'avons pas renouvelé les expériences faites par M. Crozet, pour deux motifs ; le premier, c'est que la disposition actuelle des roues ne permet pas de le faire, sans les démonter en partie, et mettre en chômage les métiers qui en reçoivent leur mouvement ; le second, c'est que nous avons cru devoir nous attacher à faire triompher le principe de la conservation du régime ancien des eaux, sans entrer dans des considérations où divers intérêts personnels seraient en jeu.

Les faits que nous avons rapportés nous dispensent de payer un juste tribut d'éloges bien dus à l'habileté des ingénieurs qui avaient calculé la pente des rus, avec une exactitude assez rigoureuse, pour que, sans aucun régulateur intermédiaire, cette pente fût entièrement employée à faire courir l'eau dans les canaux : ce qui peut se traduire par cette expression : que les 3400 litres d'eau qui étaient nécessaires, par seconde, au moulin de la Tour avec une chute de 1^m 30, pour faire tourner les trois roues, n'y pouvaient arriver à travers les rus et traversins, qu'au moyen d'une pente accélératrice de 1^m 80.

Nous avons dit qu'on s'était toujours opposé à tout établissement pouvant gêner le cours des eaux dans l'intérieur
de la ville. Une ordonnance du 16 juillet 1625 des Maire
et Echevins de Troyes (1), indique clairement que ces
magistrats ne faisaient que se conformer aux vœux des
anciens réglements, en défendant de rien mettre en travers des rus. Pareille défense fut signifiée le 17 novembre
suivant, pour le ru de Meldançon, au sieur François Des-
champs, qui avait fait tremper des peaux dans ce canal.

D'autres ordonnances de l'échevinage, des 31 décembre
1767 et 5 septembre 1768; un arrêté de M. le Maire de
Troyes, du 24 juin 1815, et l'art. 6 de l'arrêté de M. le
Préfet de l'Aube, du 14 mai 1819, ont depuis remis en vigueur cette mesure de police, en l'étendant aux pieux,
planches, escaliers, bancs, lavoirs dormants, et autres constructions nuisibles au *libre et entier cours des eaux*.

Nonobstant ces droits et les réclamations qui en ont
été la conséquence à diverses époques, il existe dans les
rus et traversins des obstacles si multipliés à l'écoulement
de l'eau, que beaucoup de ces canaux sont devenus plus
nuisibles qu'utiles, et que la suppression de quelques-uns

(1) « Des quatre chanoines de la chapelle Notre-Dame de derrière, en l'église
de Saint-Etienne de Troyes, demandeurs comparans par l'un d'iceulx, assisté
de Nicolas Jaudret, conducteur de leur moulin de Meldanson en la dite ville,
contre Claude Brion, parcheminier, demeurant à Troyes, deffendeur aussi en
personne. Ouy lequel, luy avons fait et faisons deffense de cy-apprés mettre
aucuns pieulx ni peaulx au travers des rups et traversins de la dicte ville, qui
puissent empêcher le cours d'iceulx, à peyne de dix livres d'amende, luy en-
joignant aux dictes peynes de garder les anciens réglements faits sur le fait des
dictes rivières, lui permettant touttes fois de pouvoir tenir ou mettre dans les
dicts rups une petite planche de deux pieds qui se lèvera à volonté. »

(*Archives administratives du département de l'Aube.*)

est demandée par beaucoup d'habitants riverains. La perte de force que ces obstacles font éprouver au moulin de la Tour est un des moindres inconvénients du régime actuel. La stagnation de l'eau qui transforme les canaux en mares croupissantes et fétides, pendant l'été, et l'exhaussement du niveau qui fait infiltrer l'eau jusque dans les caves voisines, pendant l'hiver, au point qu'il est impossible alors de faire usage de ces caves, ont motivé plusieurs pétitions des propriétaires et habitants riverains, et des propriétaires des moulins de la Tour et de Saint-Quentin, en date des 16 septembre 1815, 19 août 1817, 30 septembre 1819, 1er avril 1832, etc., dans lesquelles ils réclament d'un commun accord le rétablissement de l'ancien régime de ces eaux.

Une lettre écrite à M. le préfet du département de l'Aube, le 9 juillet 1832, par M. le maire de Troyes, indique que ce magistrat voyait, dans les effets pernicieux de la tolérance qui avait dénaturé le régime des eaux, un mal qui s'étendait au-delà de la sphère des intérêts matériels du quartier des tanneries (1). En effet, est-il possible qu'une épidémie ait pu puiser de nouvelles forces dans

(1) Après avoir parlé des inconvénients incessants qu'entraînent les roues établies sur les rus, M. le Maire ajoute qu'elles ont causé un préjudice incalculable :

« 1° A ceux pour qui les traversins et canaux ont été creusés, c'est-à-dire, aux tanneurs, mégissiers, corroyeurs, manufacturiers et autres qui pour leurs spéculations industrielles ont toujours besoin d'une eau courante et pure.

« 2° A tous les propriétaires habitant les quartiers alimentés par les rus et traversins de communication, en ce que depuis 1815 les usines dont il s'agit ont fait refluer l'eau dans leurs caves ou celliers, de telle sorte qu'il ne leur est plus possible d'en jouir comme auparavant.

« ....Avant l'apparition du choléra-morbus dans la ville de Troyes, le conseil de salubrité était persuadé qu'aussitôt qu'il s'y manifesterait, l'insalu-

l'atmosphère insalubre des canaux, pour sévir contre les habitants de ce quartier, sans étendre ses ravages au-delà de la limite d'une rue ? Il n'y a pas de limites dans l'atmosphère, et les diminutions d'intensité dans les effets qui y ont leur cause ne peuvent être que progressives. Tenons donc pour assuré que si c'est grâce à ces canaux que la population du quartier des tanneries a été décimée la première par le choléra, leur influence malfaisante s'est étendue sur toute la ville.

Fallait-il donc, dira-t-on, ne pas se départir de la sévérité des réglements, lorsqu'il s'agissait d'implanter dans le pays une industrie nouvelle, la filature du coton qui pouvait, si elle n'était favorisée dans son premier essor, tomber pour ne plus se relever ?

Personne assurément ne blâmera l'administration d'avoir doté le pays d'une industrie qui soutient aujourd'hui sa fortune. Il fallait, pour commencer, de petits moteurs économiques, et refuser de mettre ces moteurs à la disposition des fabricants ; c'eût été les obliger de renoncer à leur entreprise ou d'établir de suite des manufactures sur une grande échelle. En vertu du pouvoir discrétionnaire que la municipalité de Troyes a toujours eu jusque dans ces derniers temps, pour concéder l'usage de l'eau de la Seine dans l'étendue du territoire de cette ville, elle a pu et dû permettre, à titre précaire, la construction de quelques roues, quoique causant un dommage temporaire à des

brité provenant des canaux et traversins donnerait plus d'intensité à cette terrible épidémie. Vous savez, M. le Préfet, que l'évènement a justifié les pressentiments du conseil, puisque l'épidémie a exercé beaucoup plus de ravages parmi les habitants voisins desdits canaux que dans les autres quartiers de la ville.»
(*Archives de l'hôtel-de-ville.*)

intérêts divergents. En cela elle faisait un de ces actes de munificence, par lesquels un souverain aide un homme industrieux à fonder un établissement utile. Mais ce qui est, dans ce cas, une faveur d'un intérêt général, deviendrait une faveur d'un intérêt particulier, si, au détriment du public, le souverain continuait ses libéralités, lorsque les causes qui les ont motivées n'existent plus.

Si les propriétaires des roues tiennent leur droit du bon vouloir de l'administration, celle-ci peut le leur enlever du moment que l'exercice lui en paraît nuisible; si, au contraire, ils le tiennent de la force des choses, il y aura lieu d'examiner s'il est légalement fondé.

§ II. — *Roue Ferrand.*

La première roue fut construite par M. Ferrand, dans les circonstances et les conditions dont nous avons parlé plus haut, ainsi que le démontre l'avis de M. Descolins, ingénieur en chef du département de l'Aube en 1803 (1). Cette roue ne tenait pas toute la largeur du canal, et à la rigueur avec la condition qu'elle eût été la seule établie, le régime des eaux pouvait n'en être pas sensiblement

(1) « L'ingénieur en chef, chargé de donner son avis sur l'établissement d'une roue à aubes, sur l'un des canaux intérieurs de la ville de Troyes, destinée à faire mouvoir la mécanique à filature de coton du citoyen Ferrand, s'étant transporté dans la maison de ce dernier, a reconnu que le canal avait 2ᵐ 50 de largeur, que la roue proposée a 2ᵐ 00 de largeur et 2ᵐ 60 de diamètre avec seize aubes qui ne s'enfoncent que de 0ᵐ 20 à 0ᵐ 24, pour que la roue soit mise en mouvement par la vitesse du courant ; que cette roue placée et mise en mouvement n'a pas paru mettre d'obstacle au passage de l'eau, et encore moins l'élever, n'y ayant aucun vannage en travers du canal ; que d'ailleurs cette roue est armée de crics pour l'élever bien vite hors de l'eau, s'il y avait quelque embarras dans le canal, qu'ainsi rien ne pouvait s'opposer à l'établis-

altéré. Malheureusement, après avoir accordé une première autorisation, il fut difficile d'en refuser une seconde, puis une troisième, pour le même motif. Bientôt on se passa d'autorisation, ou quand il en fut accordé, on ne tint aucun compte des prescriptions de l'autorité. C'est ainsi que neuf roues furent successivement échelonnées sur un cours d'eau qui ne pouvait véritablement pas fournir de la force à une seule.

Dès ce moment, il sembla que le lit des canaux était au premier occupant, et il n'y eut pas de motif pour que chaque propriétaire, bordant un canal, ne vînt y établir une roue à aubes.

§ III. — *Roue Baudouin.*

M. Baudouin, qui avait fait construire, en 1813, une roue au-dessous de celle de M. Ferrand, demanda, en 1819, l'autorisation de la remplacer. L'enquête de *commodo* et *incommodo* ne lui fut pas favorable ; dix-neuf propriétaires sur vingt-un firent des oppositions motivées.

§ IV. — *Roue Soucin et Lavocat.*

La même année, MM. Soucin et Lavocat demandèrent une enquête pour le même objet : il y eut vingt-sept op-

sement de cette roue utile à une manufacture aussi essentielle dont la filature sera encore plus régulière au moyen de ce nouveau mécanisme, dont les mouvements sont plus uniformes que ceux des bras qui y étaient appliqués.

« Le citoyen Ferrand peut donc être autorisé à l'établissement de cette roue à aubes en ne faisant aucun arrêt ou vannage dans le courant de l'eau qui puisse mettre obstacle à son passage.»

Signé DESCOLINS. 10 floréal an XI.

Archives de l'hôtel-de-ville.)

positions et trente-sept consentements ; la plupart de ces derniers, à la condition que *le cours de l'eau ne serait pas gêné.*

§ V. — *Roue Noël-Blavoyer.*

Puis vint M. Noël-Blavoyer, qui trouva vingt-quatre oppositions, dont une était ainsi motivée ; « que d'ailleurs de semblables établissements sont une usurpation du droit commun, qui laisse à tous celui d'user du libre cours des eaux chacun en droit soi. » Huit consentements furent consignés.

§ VI. — *Roue Geoffroy-Saintraint.*

M. Geoffroy-Saintraint, qui avait déjà une roue, en demanda aussi la reconstruction en 1849. Vingt-quatre opposants, qui se présentèrent à l'enquête, réclamèrent de plus contre l'existence de l'ancienne roue, se fondant généralement : « Sur ce que cette roue, élevant les eaux, rend les habitations humides et malsaines, et que le défaut de courant permettant aux immondices de se déposer dans les canaux, le curage en est plus difficile. »

§ VII. *Roue Vivien-Michon.*

En 1826, M. Vivien-Michon ne rencontra que deux oppositions pour l'établissement de sa roue, mais il n'y eut non plus aucun consentement. On était las de ce débat, et à raison du peu d'égard que l'on avait eu aux oppositions, l'indifférence s'était peu à peu emparée des intéressés.

§ VIII. — *Roue Tirouflet-Duhamel.*

Enfin, en 1830, M. Tirouflet-Duhamel demanda une autorisation de construire une roue, qui lui fut refusée sur l'avis de M. le Maire, dont les considérants prouvent que l'on sentait combien il était dangereux de persister dans cette voie (1). Néanmoins la roue qui était déjà placée, resta sur ses paliers, et tourne encore aujourd'hui. Sept oppositions furent consignées au procès-verbal d'enquête.

En résumé, nous voyons que six enquêtes ont fourni cent trois opposants et quarante-sept consentants à la construction de six roues ; et encore la moitié de ces derniers consentaient-ils à la condition que l'eau ne serait pas gênée dans son cours, ce qui équivalait à une opposition.

(1) « .... Considérant que les opposants à l'établissement de la roue du sieur Tirouflet, démontrent évidemment les inconvénients qu'il y aurait pour chacun d'eux et les riverains du grand ru, si on tolérait l'existence de cette roue. »

« Considérant que les établissements formés, depuis quelques années, sur ce canal retiennent les eaux à un tel degré que lors des chaleurs, les immondices et les animaux que l'on jette dans la rivière répandent une odeur insalubre et incommode. »

« Considérant que si l'on augmentait encore le nombre de ces établissements, il n'y aurait plus que confusion dans le cours d'eau, et que les propriétaires riverains, comme ceux des usines supérieures et inférieures au grand ru, cesseraient de jouir des avantages que leur offre leurs propriétés.

» Considérant enfin que s'il est du devoir de l'administration de protéger l'industrie, il l'est aussi d'obvier aux inconvénients qui pourraient résulter si on multipliait par trop ces sortes de constructions.

» Par ces motifs, le Maire soussigné, est d'avis que la demande du sieur Tirouflet-Duhamel soit rejetée, et qu'il lui soit enjoint d'enlever dans les vingt-quatre heures de la notification qui lui en sera faite, la roue qu'il a indûment placée sur le grand ru.»

(*Archives de l'hôtel-de-ville.*)

Si les propriétaires des roues puisaient leur droit dans la possession du fond du canal, il n'en serait pas moins limité à la jouissance de la chute qui existe dans l'étendue de leur propriété; droit qui serait illusoire et qui n'est d'ailleurs nullement fondé.

I X. — *Force motrice développée par les roues volantes.*

S'il était démontré que la force motrice utilisée par les roues hydrauliques établies sur les rus, fût très-faible pendant la plus grande partie de l'année, quel motif pourrait-on faire valoir pour demander le maintien d'un état de choses qui, même au point de vue de l'utilité réelle, ne compenserait pas par ses avantages les inconvénients qu'il entraîne? C'est cependant ce qu'il est facile d'établir. Pour y parvenir, il importe d'abord de prouver ce principe, que les roues tournant librement avec le courant sont des obstacles à l'écoulement de l'eau, de même nature que les pieux et autres ouvrages fixes exécutés en lit de rivière.

Par le seul fait de son existence, une roue hydraulique présente une résistance appelée force d'inertie, qui, pour être vaincue, a besoin d'être poussée par une autre force contraire. Mais la roue, une fois mise en mouvement, ne s'y maintiendra pas sans une addition constante de force, susceptible de faire équilibre au frottement que produit sa rotation. Il n'est donc pas nécessaire qu'une roue soit chargée, c'est-à-dire qu'elle exécute un travail mécanique, pour que sa rotation présente une dépense de force. Or où se prend, dans le cas dont il s'agit, la force nécessaire pour faire tourner la roue ? Evidemment c'est dans l'eau qui bat les aubes. Mais chacun sait que l'eau ne représente une force qu'autant qu'elle tombe d'une certaine hauteur, c'est-à-dire d'un niveau supérieur à un niveau inférieur. La différence entre les deux niveaux en amont et en aval de la palette, dépendra de la résistance que présentera le mouvement de rotation. La vitesse acquise de l'eau entre, il est vrai, en déduction, mais il est inutile d'en tenir compte ici. Ce serait donc une erreur de croire que parce qu'une roue tourne librement dans un courant d'eau, elle ne modifie pas le régime de ce courant.

Posons ensuite en fait que le transport d'une quantité donnée de liquide ne saurait avoir lieu d'un point à un autre, sans qu'il y ait une différence de niveau entre ces deux points. On a vu que le régime du moulin de la Tour exigeait toute la pente ménagée entre les deux extrémités des rus, qui est de 1^m 32, pour que toute l'eau dont il avait besoin, lui arrivât. Si l'on suppose que, dans l'état actuel, cette quantité d'eau soit diminuée des deux cinquièmes, lorsque l'eau affleure le déversoir de Croncels, tant parce que l'augmentation de chute fait que ce moulin n'a maintenant besoin que de 2800 litres d'eau par seconde, pour avoir toute sa force, que parce que l'état moyen que nous indiquons pour le régime du canal des Trévois ne lui donne pas encore les deux tiers de cette force-là, on trouvera qu'il passera dans les rus au plus 2100 litres d'eau dans une seconde, dont les deux tiers, ou 1400 litres, peuvent s'écouler par le grand ru. Nous partagerons alors la pente en deux parties égales, dont l'une restera affectée à l'accélération de l'écoulement, et l'autre sera employée à créer une force hydraulique pour

les roues. Nous ferons observer en passant que c'est lorsque l'eau affleure le déversoir de Croncels, que les caves
voisines des rus commencent à être inondées.

D'où il résulte que la force théorique fournie par le volume d'eau du grand ru, sera représentée par 1400 kilogrammes élevés à 0^m 66 de hauteur, ou 924 kilogrammes
à 1 mètre. Maintenant si nous évaluons l'effet utile de ces
roues au maximum, ou à 0,25 de l'effet théorique, ce que
nous croyons exagéré, parce que l'intervalle compris entre
les aubes et le périmètre mouillé du canal, est de plusieurs
centimètres; la force en chevaux sera représentée par
$\frac{924^{kes} \times 0,25}{75} = 3^{ch.}08$ chevaux. Et comme sept roues se
partagent cette force, il en résulte que chacune ne repré-
sente pas un demi-cheval (1); force qui se trouve même
réduite au tiers ou au quart, pendant plusieurs mois de
l'année; force très-faible comme nous l'avons énoncé (2).

Il est à remarquer que c'est seulement alors que ces
roues ne causent pas de préjudice particulier, parce que
le remous qu'elles occasionnent ne fait pas encore refluer
l'eau par-dessus le déversoir de Croncels; mais c'est le
moment aussi où il résulte le plus de préjudice public des
exhalaisons pestilentielles de cette eau devenue presque
dormante. Il n'est donc pas d'époque dans l'année où ces
roues ne causent un dommage soit public, soit privé.

Les deux roues établies sur le petit ru produisent encore

(1) Il est bien entendu que la force totale ne se répartit pas aussi mathéma-
tiquement entre les roues, et que les unes peuvent en avoir un peu plus, les
autres un peu moins.

(2) Il est telle de ces roues qui pendant l'été est employée à élever dans
une cuve un volume d'eau qu'un homme y transporterait dans sa journée.

moins de force que celles du grand ru, et entraînent du reste les mêmes inconvénients.

Il est une époque, dans l'année, où le désordre occasionné par les roues établies sur les rus peut être représenté sous une forme sensible. C'est celle où le propriétaire du moulin de la Tour ne recevant que les trois quarts de la force qui doit lui revenir, voit l'autre quart s'écouler par-dessus le déversoir de Croncels. Dans ce cas, les douze chevaux de force théorique qu'il perd se retrouvent, il est vrai, dans les neuf roues des rus ; mais ce n'est qu'un déplacement et rien de plus. Car l'eau qui s'épanche par-dessus le déversoir de Croncels passe également par-dessus celui du gouffre qui déborde à peu près en même temps, et cette eau ne sert pas aux usines dont les seuils graviers sont placés à peu près au niveau de celui de la Tour.

CHAPITRE VI.

HUCHES A POISSONS DANS LE CANAL DE LA PLANCHE-CLÉMENT.

Les ordonnances qui défendent de rien mettre dans les canaux, en général, sont assez explicites pour qu'on ne puisse douter qu'elles ne soient susceptibles de l'application la plus étendue et la plus absolue. Néanmoins, dans un travail qui a pour but de signaler toutes les infractions aux réglements, commises au préjudice de la conservation du régime ancien des eaux, nous avons cru devoir traiter séparément la question des huches à poissons, parce qu'elles ont été souvent l'objet de contestations assez vives, qui se sont terminées par des transactions, que l'on peut assimiler à la tolérance qui a favorisé l'établissement des roues sur les rus.

L'idée de la construction des huches à poissons est des plus anciennes. Dès l'an 1500, ou voulut en bâtir sur le canal de la Planche-Clément, mais une sentence du bailliage interdit cette construction, sur la demande du chapitre de St-Etienne (1).

Il paraît que, plus tard, le chapitre de St-Etienne, qui partageait avec l'abbaye de Notre-Dame-aux-Nonnains la seigneurie sur cette partie de la rivière, fit pour son compte ce qu'il avait empêché de faire pour le compte d'autrui. Il céda son droit par acte passé le 26 juin 1687 et renouvelé le 26 mars 1732. Les religieuses de Notre-Dames-aux-Nonnains cédèrent également le leur, ainsi qu'il résulte d'un bail à cens passé le 6 novembre 1727 (2). Le chapitre de St-Etienne multiplia ses huches, au point que le chapitre de St-Pierre, propriétaire du moulin de Jaillard, lui intenta une action devant la chambre de l'échevinage. Le résultat fut une transaction, passée le 15 janvier 1777, entre les deux chapitres, par laquelle ils s'engagèrent

(1) « Sentence du bailliage de Troyes du vingt août l'an quinze cents au profit des chapitres de Saint-Pierre et de Saint-Etienne, contre les nommés Griveau et Demesgrigny auxquels il est fait défense de bâtir des hûches sur le canal de Jaillard, ni bateaux susceptibles d'empêcher le cours de l'eau. »

(*Archives administratives du département de l'Aube.*)

(2) Voyez le jugement du tribunal civil de Troyes, du 27 avril 1819, dans l'affaire du propriétaire du moulin de Jaillard, contre le propriétaire des huches.

lidairement à faire toutes les poursuites nécessaires pour obtenir la destruction des huches (1).

L'année suivante, les huches existant encore au nombre de neuf, tant au-dessus qu'au-dessous du moulin de Jaillard, les Maire et Echevins, par ordonnance du 25 mai, relative à l'alignement du canal de la Planche-Clément, prirent l'intiative dans un intérêt de police, et ordonnèrent : « Que dans le délai d'un an à compter de la présente ordonnance, lesdites huches seront changées de forme et construites en bateaux flottants, de manière qu'elles ne puissent nuire au libre cours de l'eau. »

(1) On y lit : « .... que pour éviter par la suite autre et pareille contestation relative à cet objet, les dits sieurs du chapitre de St-Etienne, quoique seigneurs comme dit est sur cette partie de rivière et canal, s'engagent pour eux et pour leurs successeurs de ne plus à l'avenir posséder, permettre ou concéder par aucuns actes et en quelque forme et manière que ce soit, la liberté, le droit ou l'usage d'aucune huche dans toute l'étendue du dit canal de la Planche-Clément, soit au-dessus soit au-dessous du dit moulin de Jaillard ; en conséquence, et pour parvenir à l'exécution entière de la présente convention, pour rétablir le plus tôt possible le libre cours de l'eau du dit canal, les deux chapitres sont pareillement convenus et s'engagent respectivement à faire déguerpir les différents particuliers propriétaires ou concessionnaires des dites huches, soit de l'autorité du chapitre de Saint-Etienne, soit de toutes autres concessions ou droits prétendus ; à cet effet, suivre conjointement à leurs requêtes respectives et à leurs frais communs contre les dits propriétaires ou concessionnaires, l'instance dont il s'agit, et dans laquelle ces derniers se trouvent également parties, soit de se pourvoir tout de nouveau contre eux, ou tout autrement qu'il sera jugé le plus convenable, à commencer les dites poursuites au plus tard dans quinze jours de la date des présentes ; s'obligent également les deux chapitres dans le cas imprévu où ces propriétaires, ou concessionnaires, soit à l'amiable avec les dits deux chapitres, soit en justice, obtiendroient quelques dépens, ou quelque indemnité relative à l'éviction qui seroit contre eux prononcée des dites huches, à y contribuer aussi par moitié, ainsi qu'aux frais et à la dépense qui seroient consentis ou forcés de la suppression ou enlèvement des mêmes huches. »

(*Archives de l'hôtel-de-ville.*)

9

Un procès-verbal de visite du curage du canal de la Planche-Clément, du 31 octobre 1781, en nous prouvant que l'ordonnance de 1778 ne fut pas exécutée à la lettre, nous apprend que l'esprit en fut du moins conservé, car il y est dit qu'il était défendu de réparer les huches à poissons placées dans ce canal.

La question ne fit pas un pas jusqu'en 1807, où un arrêté du conseil de préfecture condamna, sur la demande du sieur Claude Teinturier, alors propriétaire du moulin de Jaillard, les divers intéressés à enlever les huches à poissons, lavoirs, cabinets, etc., qui existaient sur le canal de la Planche-Clément. Mais une ordonnance royale du 20 juin 1816, rendue sur l'avis du Conseil d'Etat, annula l'arrêté du conseil de préfecture, et renvoya les parties devant les tribunaux ordinaires, les prétentions des parties ne pouvant être jugées que d'après les titres, usages et règlements.

Le tribunal civil fut saisi de l'affaire le 27 août 1817, et maintint les droits du propriétaire des huches, par son jugement du 27 avril 1819. Appel en cour royale de Paris, puis jugement de cette cour, qui confirme et maintient celui du tribunal de 1re instance de Troyes.

Il existe encore aujourd'hui trois huches, dont deux qui sont contiguës, ont 3m 10 de largeur chacune, et une qui a 2m 80 seulement. Elles rétrécissent d'autant le lit du canal de la Planche-Clément, et sont une véritable anticipation qu'il serait à-propos de restreindre dans de certaines limites, si l'on ne peut la faire disparaître.

Nous savons tout ce que l'on peut dire en faveur de la conservation de ces huches; elles sont très-utiles au public, puisque sans elles on ne pourrait conserver le poisson aussi frais ; elles sont utiles surtout aux marchands, qui, par la suppression de ces appareils, verraient leur existence compromise, et cette suppression ne pourrait peut-être se faire sans indemnité préalable pour le propriétaire ; mais n'y aurait-il pas lieu de leur assigner un emplacement où elles ne gêneraient pas la circulation de l'eau ?

L'on pourrait alléguer encore que la section de la rivière qui reste au droit de ces huches, est plus que suffisante pour l'écoulement de l'eau vers les moulins de Jaillard et de Meldançon. Nous ne contesterons pas ce fait ; mais un relâchement, quelque insignifiant qu'il soit, dans les règlements, est toujours chose fâcheuse, en ce qu'il provoque des empiètements successifs. C'est ainsi que le canal de la Planche-Clément se trouve aujourd'hui bordé de cabinets, qui paraissent avoir été construits sans autorisation, sur des pieux battus dans le lit de la rivière. Si l'on veut rétablir le régime ancien des eaux, il faudra que la mesure soit générale, sous peine de voir devenir infructueux tous les soins que l'on donnera à ce travail.

Du reste, il s'agit de ne prononcer l'arrêt de destruction de ces travaux qu'après qu'on aura reconnu l'impossibilité absolue de les conserver, ou de les transformer de manière à obtenir le même résultat.

CHAPITRE VII.

DIVISION DES EAUX A LA PLANCHE-QUÉNAT.

Avant l'exécution du canal de Fouchy pour la navigation, toute l'eau dérivée de la Seine et traversant la ville de Troyes, passait par le moulin de Fouchy, ou par la décharge qui existait en amont, et se jetait dans l'ancien lit de la Seine. A quatre mille mètres environ de la ville, cette eau était, à la Planche-Quénat, l'objet d'une nouvelle division, qui ne paraît pas avoir été jusqu'à présent soumise à des règles fixes. Il existe aujourd'hui trois embranchements ou bras de rivière, celui de gauche qui est, à n'en pas douter, l'ancien lit de la rivière, conduit à la filature de Barberey; celui de droite mène au moulin de Ste-Maure, et est rejoint par celui du centre, au-dessous de ce moulin. Ces deux embranchements réunis continuent de se développer sur le côté droit de la vallée, où ils fournissent de l'eau aux moulins de Mergey, Villacerf et Chauchigny.

Des versions, fondées sur la tradition, sont toute l'histoire de cette division de la Seine. Quelques personnes pensent qu'il n'existait autrefois que deux canaux, ceux de gauche et de droite, qui se partageaient l'eau de la rivière dans le rapport des deux tiers pour le premier, et un tiers pour le second, celui-ci n'alimentant qu'une roue, et l'autre deux. Le canal du centre aurait été, suivant la même version, creusé pour amener de l'eau à la terre de

Villacerf, possédée par un membre de la famille des Colbert.

D'autres personnes croient, au contraire, que le canal du centre est aussi ancien que celui de droite, et qu'il a bien été creusé pour fournir, aux usines inférieures au moulin de Ste-Maure, un supplément d'eau motivé par les pertes qu'occasionnent les irrigations sur le long parcours de cette dérivation. Ces versions ne sont, ni l'une ni l'autre, appuyées sur des documents historiques, et ne peuvent servir de base pour établir un système de division.

S'il avait été prévu, dans l'origine, que l'on dût donner à cette dérivation une plus grande quantité d'eau que celle qui est nécessaire pour le moulin de Sainte-Maure, on eût pu pratiquer dans le biez de ce moulin, élargi, s'il en avait été besoin, un écoulement par une grande bonde, et on eût évité les frais d'un second canal. Aussi, l'existence même de ce second canal nous paraît-elle une preuve suffisante de sa création postérieure, et nous fait adopter de préférence la première opinion émise sur l'origine de ce canal, bien que nous restions persuadé que la date qu'elle assigne à ce travail soit trop récente.

Il existe, dans les archives de l'hôtel-de-ville, une volumineuse liasse de documents relatifs à un pont de la Planche-Quénat. Ces documents embrassent tout le seizième et une partie du dix-septième siècle. Il n'y est fait aucune mention du canal du centre. En faut-il conclure qu'il ait été creusé plus tard ? Nous pensons, au contraire, que son origine était alors déjà si ancienne, qu'on ne songeait à établir aucune distinction entre les droits de ce canal et ceux des deux autres canaux.

La terre de Villacerf possède, il est vrai, des eaux magnifiques, qui proviennent de la dérivation et qui, on n'en saurait douter, diminuent considérablement de volume avant d'arriver au moulin de Chauchigny. Il en résulte que le seigneur qui a fait creuser les bassins et les canaux de cette terre, a dû se procurer un volume d'eau plus considérable, afin de ne faire aucun tort à l'usine inférieure.

Mais par qui, et à quelle époque, ces divers travaux ont-ils été exécutés ?

Grosley dit qu'Odart-Colbert, oncle du contrôleur général des finances, acheta des Marguenat, sous le règne de Henri IV, la terre de Villacerf qu'il dépeint comme étant une magnifique propriété (1). Il est très-probable que si ce Colbert, ou l'un de ses descendants, eût fait des travaux d'embellissement aussi importants, Grosley n'eût pas manqué de le dire, lui qui est entré dans les plus petits détails sur tout ce qui concernait cette famille célèbre.

Au reste, il n'est pas indispensable d'établir l'origine du canal du centre, pour admettre ses droits au partage de l'eau de la Seine ; le seul fait de son existence est un titre, qui ne pourrait être modifié que par la production de quelqu'autre titre valable et contraire. Or il n'en paraît exister aucun.

Dans cet état de choses, il nous a semblé que l'on ne pouvait prendre d'autre base du partage à intervenir, que celui qui est aujourd'hui le fait de la disposition naturelle du terrain. Nous ne saurions admettre, avec une partie des intéressés, que l'on dût invoquer en cette circonstance la

(1) Les hommes célèbres de la Champagne, biographie d'Odart-Colbert.

destination du père de famille, d'après laquelle il y aurait
égalité, ni avec une autre partie, qu'il fallût recourir à une
enquête. Nous avons la conviction que cette enquête ne ferait pas faire un pas à la question, pour retrouver les traces
de l'ancien partage. En conséquence, nous avons fait sur
les lieux les opérations nécessaires pour obtenir la connaissance du régime actuel de ces canaux.

Quatre profils en travers, pris à vingt mètres de distance l'un de l'autre, sur chaque canal, nous ont permis
de déterminer la hauteur du seuil naturel qui, dans chaque
bras, règle l'écoulement de l'eau, et nous avons reconnu
que le point du plafond que nous prenons pour seuil dans
le canal de Sainte-Maure, est plus bas de $0^m 24$ que le
même point dans le canal de Barberey, et que le seuil naturel de ce dernier est également plus bas que celui du canal du centre de 16 centimètres.

Il en résulte que si le produit de la rivière devenait très-
faible, il passerait tout entier dans le bras de Ste-Maure;
que la filature de Barberey entrerait en partage, lorsque
ce produit deviendrait un peu plus fort, et enfin que le
canal du centre n'aurait droit de réclamer une partie du
produit, que lorsque les deux premières usines auraient
déjà prélevé un volume d'eau déterminé.

Le partage ne nous a donc pas semblé devoir être assis
sur ces premières bases, qui ne fourniraient pas un partage réel, puisque dans une circonstance donnée, il y aurait exclusion de deux parties prenantes. Nous avons cru
préférable de déterminer le volume d'eau qui s'écoule par
chaque canal dans un état moyen de la rivière; alors que
le produit fournit aux usines de Barberey et de Ste-Maure,
une force motrice plus que suffisante pour leurs besoins.

Ce volume a été, le 4 novembre 1840, de 13^m 479 cubes par seconde pour le canal de Barberey; de 6^m 173 cubes pour celui de Sainte-Maure, et de 5^m 834 cubes pour celui du centre. Nous en concluons que la division des eaux d'étiage doit se faire dans le rapport de 0,528 pour Barberey; 0,242 pour Sainte-Maure; et 0,228 pour le canal du centre.

Par quel moyen pourrait-on réaliser ce partage ?

S'il s'agissait de diviser, dans les rapports déterminés ci-dessus, le produit total de la rivière en toute saison, le problème pourrait être difficile à résoudre, vu les dispositions locales. Mais de quoi s'agit-il ? De répartir convenablement, dans chaque bras, le volume d'eau, lorsqu'il n'est que suffisant pour le travail des usines.

Sur quel volume d'eau faudra-t-il opérer ? Les moulins de Barberey et de Sainte-Maure réunissent entre eux trois roues motrices, et ont droit à plus des trois quarts dans la répartition. Nous devons donc opérer sur l'eau nécessaire à quatre roues du même système que celles qui sont encore en usage dans les moulins de Pétail et de la Tour.

La moyenne de la dépense d'eau d'une roue de ce système, sous une chute de 1^m 30 de hauteur, déterminée d'après les dépenses réelles mesurées dans les moulins de Pétail et de la Tour, est d'environ 1300 litres par seconde (1), ce qui produit 5200 litres d'eau pour quatre roues. Nous ajouterons 800 litres à cette quantité, et nous nous proposerons de diviser, dans les rapports déterminés plus haut,

(1) On a démontré pages 51 et 75, que le volume d'eau nécessaire aux six roues des moulins de Pétail et de la Tour, avec une chute de 1^m 30 est de 4^m 363 cubes + 3^m 403 cub. = 7^m 766 cubes par seconde, dont le sixième est 1^m 294 cube.

le produit de la rivière lorsqu'il ne dépasse pas six mètres cubes par seconde.

En posant des sureaux de niveau dans des canaux de largeurs proportionnelles, on n'obtiendrait le résultat désiré qu'autant que la vitesse d'écoulement serait la même sur les trois sureaux. Cette condition étant d'une réalisation impossible, puisque la vitesse de l'eau dépendrait de la pente de superficie, et de la pente du terrain au-delà des sureaux, nous rejetons ce système qui a été employé en amont de la ville aux partages de la grande et de la petite pointe.

Le seul moyen, suivant nous, d'arriver à une division exacte, est d'employer des barrages, submersibles quand le produit de la rivière dépassera six mètres cubes, et formant déversoirs quand ce produit sera moindre. De cette manière on réunira tous les éléments de proportionnalité requis, et l'on obtiendra une exactitude mathématique dans la répartition.

Les barrages devraient avoir les largeurs suivantes : 15^m 84 pour le canal de Barberey ; 7^m 26 pour celui de Sainte-Maure, et 6^m 84 pour le canal du centre ; ce qui présenterait une largeur totale d'écoulement de 29^m 94 (1). La hauteur du remous, qui serait occasionné par ces barrages au-dessus de leur couronnement, serait de 0^m 234 pour un produit de six mètres cubes par seconde, en supposant même que la vitesse de l'eau à son arrivée aux barrages fût complètement nulle (2).

(1) Si l'on voulait augmenter la dimension des barrages, on le pourrait encore en établissant celui de Barberey obliquement dans le lit du canal, ou en le composant de deux barrages formant un V. On diminuerait ainsi la hauteur du remous qu'ils occasionneraient en amont.

(2) Le volume d'eau qui s'écoule en une seconde par un orifice en déver-

Si le couronnement des barrages était placé à 0^m 60 au-dessous du niveau de l'eau, observé le 4 novembre 1840, lorsque le produit total de la rivière était de 25^m 50 cubes environ par seconde, cette hauteur serait plus que suffisante pour que ce couronnement se trouvât placé au-dessus du niveau de l'eau en aval, lorsque le produit de la rivière ne serait que de six mètres. Le remous qui résulterait en amont de la construction de ces barrages-déversoirs, serait donné par la vitesse que devrait prendre le fluide, pour écouler le volume de 25^m 50 cubes, par la section que fournit la longueur des barrages, multipliée par leur hauteur d'immersion, ce volume étant diminué de celui dû à l'écoulement de superficie de la nappe d'eau formant remous.

La section d'écoulement comprise entre le niveau de l'eau en aval et le couronnement du déversoir, serait les soir peut se calculer à l'aide de la formule suivante en négligeant la vitesse d'arrivée :

$$Q = m\, LH \sqrt{2g\,H},$$

Dans laquelle (*),

Q est le volume en mètres cubes écoulé dans une seconde;

L la largeur du déversoir;

H la hauteur du niveau général du réservoir au-dessus du seuil du déversoir, $2g = 19,62$;

m, un coefficient numérique qui vaut en moyenne $0,40$.

L'inconnu du problème posé étant $H\sqrt{H}$, cette valeur sera donnée par l'expression :

$$H\sqrt{H} = \frac{6^m\,00}{0,40 \times 29,94 \times \sqrt{19,62}} = 0,115\,100\,848;$$

D'où l'on tire : $H = \sqrt[3]{0,115\,100\,848} = 0^m\,234$.

(*) Merin, aide-mémoire de mécanique, page 29.

soixante centièmes environ de la section moyenne mesurée le 4 novembre 1840. La vitesse moyenne des tranches supérieures de la nappe liquide était alors de $1^m 00$, tandis que la vitesse moyenne de toute la colonne liquide n'était par conséquent que de $0^m 80$ (1). Cette vitesse acquise devra se trouver la même dans des circonstances identiques ; et la seule modification apportée, étant dans la section d'écoulement, le volume de liquide dépensé sera en raison directe de ces sections. Mais le volume écoulé ne devant pas varier, la vitesse théorique du fluide devra être par conséquent en raison inverse des surfaces des orifices (2).

En adoptant le coefficient 0,70 pour réduire la vitesse théorique, nous trouvons que la vitesse réelle doit être de $1^m 90$ (3).

Comme une partie de cette vitesse, ou $1^m 00$ est déjà acquise à la nappe liquide, la hauteur de chute due à cette

(1) On sait que dans un canal qui contient de l'eau en mouvement, la vitesse des tranches fluides diminue de la surface au fond du canal, et que suivant que l'on considère isolément une tranche quelconque du liquide, il faut avoir égard à la vitesse qui lui est propre, et non à la vitesse moyenne ou à celle de toute autre tranche parallèle du liquide.

(2) Nous appelons vitesse théorique celle qui est fournie par le volume de l'eau, divisé par la section d'écoulement ; et vitesse réelle, la vitesse théorique divisée par le coefficient de contraction. Il importe peu en effet que ce coefficient soit appliqué à la section de la veine fluide ou à sa vitesse, quant au résultat, et on se rappelle que, dans le cas dont il s'agit, la section d'écoulement est invariable.

(3) La vitesse théorique étant en raison inverse des sections d'écoulement sera égale à $\dfrac{100 \times 0^m 80}{60} = 1^m 33$, et alors la vitesse réelle deviendra $\dfrac{1^m 33}{0,70}$ $= 1^m 90$, suivant les déductions tirées plus haut.

Le coefficient de 0,70 nous semble convenable parce que la contraction n'a lieu que sur une des grandes faces de la nappe d'eau.

vitesse, ou 0ᵐ 051, doit être retranchée de la hauteur de chute que nécessiterait une vitesse de 1ᵐ 90 à imprimer à la colonne liquide. Cette hauteur de chute est de 0ᵐ 184, d'où la hauteur du remous devient 0ᵐ 133 (1).

(1) La hauteur de chute est donnée par la formule de Torricelli :

$$V = \sqrt{2\,g\,H}$$

V et H sont la vitesse d'écoulement et la hauteur, et g la vitesse que la pesanteur imprime aux graves à la fin de la première seconde de leur chute, et qui est de 9ᵐ 8088.

Pour vérifier si ce remous est suffisant pour opérer l'écoulement de 25ᵐ 50 cubes d'eau, par seconde, dans les circonstances indiquées, nous allons déterminer par les formules déjà employées précédemment, le produit de l'écoulement dans une seconde. Seulement nous y introduirons une nouvelle valeur, pour représenter la vitesse acquise ou initiale, et nous aurons, en raison des deux espèces d'écoulement, l'expression :

$$Q = \left[m\,LE\,\left(\sqrt{2\,g\,H} + \frac{V^2}{2\,g} \right) \right] + \left[n\,L\,H\,\left(\sqrt{2\,g\,H} + \frac{V^2}{2\,g} \right) \right];$$

alors en appelant :

Q le volume d'eau,

L la somme des largeurs des trois barrages,

E la hauteur du niveau de l'eau en aval au-dessus du couronnement,

H la hauteur du remous,

V la vitesse initiale supposée égale à 1ᵐ 00,

2 g = 19,62,

m, un coefficient numérique de 0ᵐ 70 pour l'écoulement par un orifice noyé,

n, un coefficient numérique de 0ᵐ 40 pour l'écoulement en déversoir.

Elle devient par la substitution :

$$Q = \left[0,70 \times 29,94 \times 0,60 \times \left(\sqrt{19,62 \times 0,133} + \frac{\overline{1,00}^2}{19,62} \right) \right] + \left[0,40 \times 29,94 \right.$$

$$\left. \times 0,133 \times \left(\sqrt{19,62 \times 0,133} + \frac{\overline{1,00}^2}{19,62} \right) \right] = 26^m\,91\ (^*).$$

(*) Le produit de 26ᵐ 91 cubes dépasse de 1ᵐ 41 cube, celui que la rivière fournissait le 4 novembre 1840 ; mais on se rappellera que nous n'avons déterminé le rapport des sections qu'approximativement, et que nous avons négligé, comme peu important, l'écoulement en déversoir qui se fait par la nappe d'eau de remous. Il est du reste sans utilité de se rapprocher d'avantage de la limite.

Ce remous sera encore moindre lorsque le niveau de la rivière s'élèvera, de sorte que les barrages submersibles que nous proposons n'avanceront pas d'une quantité sensible le moment des débordements, seul inconvénient qu'il y avait à craindre.

Nous pensons en conséquence qu'il y a lieu, et dans l'intérêt des propriétaires de moulin qui ont réclamé le partage des eaux à la Planche-Quénat, et dans l'intérêt de la conservation du régime de la Seine, dans cette partie de son cours, de faire exécuter par qui il appartiendra des travaux étudiés suivant les idées et les principes que nous avons posés dans ce chapitre.

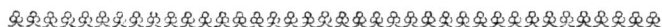

CHAPITRE VIII.

RÉSUMÉ.

Il nous est maintenant permis de jeter un coup d'œil rapide sur l'état primitif et sur l'état présent du régime artificiel de la Seine, dans la dérivation de Troyes, sans nous astreindre à suivre pas à pas les données chronologiques.

Il est manifeste que, dans les premiers temps de la domination des comtes de Champagne, la Seine avait un état moyen plus uniforme qu'aujourd'hui. L'énorme différence que l'on remarque entre le volume d'eau qu'elle fournit dans le plus bas étiage, et le maximum des crues, était alors beaucoup moindre, et il ne paraît pas douteux, qu'à une certaine époque, cette différence n'ait été à peu près nulle. Aux témoignages que nous avons déjà fournis de ce changement d'état, nous pouvons en ajouter un autre tiré des archives historiques du département de l'Aube ; c'est qu'une navigation naturelle très-active a existé entre Troyes et Bar-sur-Seine ; c'est que des bateaux chargés de marchandises descendaient de Troyes au Hâvre, en ligne directe, et sans rupture de charge. Quelle probabilité y a-t-il que d'aussi longs voyages eussent été entrepris s'ils n'avaient pu s'effectuer pendant la plus grande partie de l'année ? Quelle probabilité qu'on les eût tentés avec les flettes qui pourraient naviguer maintenant sur la Haute-Seine pendant toute la belle saison ! Nous n'ignorons pas qu'alors aussi il existait peu de routes ; que ces routes étaient généralement dans un si mauvais état, qu'il y avait de puissantes raisons pour surmonter les difficultés de la navigation fluviale. Néanmoins, comme il ne reste ni traces ni tradition de travaux qui auraient été exécutés dans le but de la rendre plus facile (1), il faut bien admettre que les bateaux de transport qui devaient, pour tenir la mer à l'embouchure du fleuve, avoir une certaine forme, et un tirant d'eau d'un mètre et demi environ, naviguaient sans gêne sur la partie supérieure de la rivière.

A une époque plus rapprochée de nous, il y a une cinquantaine d'années, dans les moments de sécheresse extraordinaire, le volume de la rivière était encore plus fort qu'aujourd'hui. C'est un témoignage qu'a recueilli M. Crozet, et qu'il nous a transmis en nous indiquant le parti qu'on tirait de l'eau (2).

(1) Cette navigation était antérieure à celle établie à la fin du xviie siècle, et pour laquelle on avait creusé le canal de Fouchy.

(2) Il dit que l'eau suffisait pour faire tourner au moins une roue du moulin de la Tour. (Voy. p. 113)

Ce que nous disons de la Seine, est au reste l'histoire de tous les fleuves. Tel, que l'antiquité nous dépeint roulant des eaux limpides et puissantes, n'est aujourd'hui qu'un ruisseau fangeux, bon tout au plus pour baigner le bétail, et tel autre que nous voyons couler constamment à plein bord, et recevoir dans ses eaux les vaisseaux du plus fort tonnage, deviendra peut-être, dans la suite des siècles, le maigre filet qui alimentera une petite rivière.

Ainsi vont les choses de ce monde, les effets disparaissent avec les causes, et les cités avec les fleuves. L'homme doit donc opposer toute son énergie au principe dissolvant qui mine ses œuvres, et réédifier d'une main une partie de ce qu'il a détruit de l'autre, dans l'espoir souvent trompeur d'un changement qui lui serait plus favorable.

Les premiers canaux de la dérivation de la Seine furent exécutés, suivant toute probabilité, autant dans un intérêt de fortification pour la ville de Troyes, que dans un but d'utilité industrielle pour ses habitants. Puis on en augmenta le nombre sans doute peu à peu, à mesure que le génie industrieux du pays se développa, et l'on construisit successivement les usines de Pétail, le Roy, la Moline, Notre-Dame, la Rave, la Pielle, Jaillard, Meldançon, et Brusley. Plus tard, Henri I ayant fait creuser les canaux du quartier des tanneries, la construction des moulins de la Tour et de Saint-Quentin suivit de près. Deux siècles plus tard encore, le moulin de la Rothière ou de Paresse, vint compléter ce système d'usines que nous voyons aujourd'hui utiliser les chutes d'eau formées par la Seine dans tout ce parcours. Deux autres moulins ont disparu ; ceux de Croncels et de Sancey ; celui-ci parce que les conditions de sa construction lui devinrent préjudiciables, lorsque le

régime de la rivière ayant été profondément altéré, il y eut
des saisons entières où le volume d'eau qui passait sur son
coulis devait annuler sa chute ; celui-là parce que sa force
motrice reçut une autre destination. Le moulin de Croncels est la seule preuve que l'on puisse fournir de l'existence du canal des Trévois, à une époque antérieure à
l'administration de Henri I.

Les douze usines que nous avons nommées plus haut,
renfermaient, dans l'origine, trente-deux roues en dessous,
qui avaient toutes, nous le croyons, une largeur de 0^m 975
(3 pieds) (1). Ces 32 roues pouvaient employer une force
théorique de 608 chevaux, et développer une force réelle

(1) Tableau comparatif du nombre de roues que renfermaient les usines
dans l'origine, et dans ces derniers temps avant les changements qui y ont été
introduits.

INDICATION DES USINES.	NOMBRE DE ROUES dans l'origine.	NOMBRE DE ROUES avant le changement de système.
Pétail.	3	3
Le Roy.	3	2
La Moline.	3	2
Notre-Dame.	3	2
La Rave.	3	2
La Rothière ou Paresse. . . .	1	2
La Pielle.	2	1
Jaillard.	3	3
Meldançon.	2	2
Brusley.	3	4
La Tour.	3	3
Saint-Quentin.	3	3
Totaux.	32	29

de 152 chevaux (1). Depuis, le nombre de ces roues a été modifié ; augmenté de deux d'un côté, et diminué de cinq de l'autre, il s'est trouvé qu'il y en avait trois de moins, lorsque dans ces dernières années on a changé de système, et que dans plusieurs usines deux roues ont été réunies en une seule.

Sans tenir compte de l'augmentation de force qui pourrait provenir d'une plus grande dépense d'eau par quelques-unes de ces roues, qui sont plus larges que celles qu'elles remplacent, nous trouvons encore que la force réelle qui serait développée aujourd'hui, avec le volume d'eau que fournissait l'ancien régime de la Seine, serait de 242 chevaux (2), en rétablissant suivant leur ancienne forme, les trois roues qui se trouvent en moins.

Soit que les digues de retenue ne fussent pas assez élevées, soit, ce qui est plus probable, que l'on ne voulût négliger aucune précaution pour entourer de toutes les garanties possibles les travaux exécutés, on jugea convenable de ne laisser entrer dans la dérivation que l'eau nécessaire, et les vannes tranchines furent construites pour évacuer le surplus. Par ce moyen, treize mètres cubes d'eau environ coulèrent par seconde en toute saison dans les canaux ; les seuils des usines ne furent jamais noyés en

(1) Cette force de 608 chevaux est donnée en prenant pour la force de chaque roue une moyenne entre celle des six roues des moulins de l'Étail et de la Tour. L'effet utile est estimé à 0,25 de l'effet théorique.

(2) Dix-neuf des anciennes roues ont été remplacées soit par des roues en dessous de Poncelet, soit par des roues de côté où l'eau agit seulement par pression. Le premier de ces systèmes fournit un effet utile de 65 pour cent au moins de l'effet théorique, lorsqu'il est bien exécuté ; le second fournit seulement 50 pour cent. C'est ce dernier coefficient que nous avons adopté pour notre calcul.

10

aval, et les dégradations des rives furent beaucoup moins fortes qu'elles ne l'ont été depuis (1).

On voit que malgré les règlements qui, dans l'intérêt des riverains, et aussi pour donner plus de sécurité au public, ne permettaient pas de mettre plus de 1^m 30 de profondeur d'eau dans les canaux, les usines disposaient d'une grande force motrice d'autant plus précieuse qu'elle était plus constante. S'il ne dépend plus aujourd'hui de la volonté humaine de faire arriver naturellement dans l'été la même quantité d'eau dans les canaux, on peut toujours du moins appliquer les mêmes principes qu'autrefois, pour utiliser toute sa puissance motrice, et en régulariser l'emploi d'une manière profitable pour tous.

L'état actuel de la Seine peut être divisé en trois parties qui se partagent à peu près également la durée de l'année : le régime des hautes eaux, celui des moyennes et celui des basses eaux. Celui des moyennes eaux est le seul pendant lequel les usines, bien pourvues de force, n'ont aucun avantage à avoir des chutes de 1^m 60 au lieu de 1^m 30 de hauteur, et l'application des anciennes ordonnances ne leur ferait rien gagner ni perdre en cette saison.

Pendant le régime des basses eaux, les chutes sont souvent au-dessous de 1^m 30, et le seront toujours, si l'on proscrit le travail par éclusées qui, en favorisant quelques usines, nuit beaucoup au plus grand nombre. Alors l'exécution rigoureuse des ordonnances, facilitée par des moyens

(1) Il arrive maintenant fréquemment pendant l'hiver que le déversoir et les vannes de décharge de la Planche-Clément écoulent par seconde 5o mètres cubes d'eau, tandis que les usines en dépensent de 2o à 25 mètres cubes; ce qui fait passer dans les canaux un volume d'eau cinq fois plus considérable qu'autrefois avec une vitesse qui est au moins triplée.

que nous proposerons, s'il y a lieu, serait dans l'intérêt des propriétaires d'usines, quoique le petit volume d'eau dont ils disposent dans cette saison puisse rendre presque insignifiante une augmentation de chute du quart ou du cinquième.

Mais dans l'hiver, lorsque les seuils graviers des moulins sont noyés de 0^m 65 à 0^m 70 (1) moyennement, pendant une partie de l'année, et lorsque l'humidité du sol et les pluies continuelles rendent si fâcheux l'abandon des ordonnances sur la hauteur des retenues, qu'il est indispensable d'y revenir pour ne plus s'en écarter; que deviendront les usines qui n'auront plus que la moitié de leur chute et ne pourront même, à force d'eau, retrouver la moitié de leur puissance motrice, parce que les roues noyées ne produisent qu'un petit effet utile ? Cette considération a sans doute éternisé cette tolérance qui, depuis un siècle, paralyse la bonne volonté de l'autorité pour les propriétaires riverains, dont les intérêts sont, il faut bien en convenir, sacrifiés à celui des usines. Mais ce n'est rien encore. Nous jugeons par ce que nous avons sous les yeux, et nous voyons que les roues motrices ne sont noyées que de 0^m 65 à 0^m 70, parce que des *hausses* garnissent partout les vannages jusqu'à 2^m 00 et 2^m 50 au-dessus des seuils graviers; mais enlevez les hausses et descendez les arêtes supérieures des vannes, et l'eau, s'engouffrant par-dessus ces nouveaux déversoirs, aura bientôt racheté la différence de niveau entre les deux biez. Alors la chute sera nulle, et les roues s'arrêteront. Exécuter purement et sim-

(1) Il y en a beaucoup qui sont souvent noyés pendant plusieurs jours de 1^m 20 à 1^m 30 et même d'avantage.

10*

plement les réglements précités, ce serait donc condamner toutes les usines au chômage pendant quatre mois de l'année, et comme déjà elles ont quatre mois de demi-chômage pendant l'été, il en résulterait que leur travail effectif annuel ne serait que de six mois. La dérivation aurait perdu la moitié de sa valeur.

A Dieu ne plaise que nous ayons la pensée de provoquer une mesure que nous regarderions comme une calamité.

Loin de vouloir diminuer la force motrice dont disposent les usines, nous voulons au contraire l'augmenter par un moyen que nous n'avons pas eu le mérite de trouver, puisqu'il a déjà été mis en pratique ; par le rétablissement d'un vannage en tête de la dérivation ; par la restauration d'une partie de l'ouvrage des comtes de Champagne.

Lorsque les seuils graviers ne seront plus couverts d'eau en aval pendant l'hiver, les usines possèderont la force réelle de 242 chevaux, que la construction des nouvelles roues eût fournie avec l'ancien régime artificiel de la Seine. Comme le régime actuel leur fait perdre environ la moitié de cette force pendant les grandes eaux, malgré l'exhaussement du niveau des biez, elles gagneraient cent vingt et un chevaux pendant quatre mois, c'est-à-dire qu'elles augmenteraient d'un quart au moins la somme de la puissance motrice dont elles disposent présentement pendant l'année. La prospérité des usines a donc été décroissante, sous ce rapport, depuis le moment où l'insuffisance du produit de la Seine les a obligées de diminuer leur travail pendant l'été, d'une quantité qui peut être estimée aujourd'hui au moins à deux mois d'inaction complète. La destruction des moulins de Sancey (1) a menacé de tripler le mal,

(1) La destruction du moulin de Sancey a été non-seulement un malheur

mais on a fait supporter à des tiers, les propriétaires riverains, les conséquences fâcheuses de cet événement, et les
usines en ont été quittes pour éprouver des entraves qui ne
peuvent être estimées encore au-dessous de deux mois de
chômage complet. Ainsi, l'état actuel des choses donne
une dépréciation d'un tiers au moins dans la valeur du
service immense que les souverains de la Champagne
croyaient avoir rendu à perpétuité à leur ville capitale : et
cette dépréciation, pour être juste, devrait être de moitié.

La restauration de ce magnifique ouvrage serait donc
non-seulement un acte de bonne administration, mais est
encore impérieusement réclamée dans l'intérêt du commerce, dont la décadence suivrait de près la ruine complète de ce monument.

privé, puisqu'elle annulait un capital appartenant à un particulier, mais elle a
encore été un malheur public, puisque sa chute d'eau, qui fait partie des forces
naturelles du pays, est restée depuis sans emploi. Que l'on ne dise pas que la
hauteur de chute dont disposait cette usine s'ajoute à celle dont ont joui de tout
temps les usines placées au-dessous : car l'avantage qui en pourrait résulter
pour celles-ci est tout-à-fait illusoire, puisque la grande quantité d'eau qu'elles
sont forcées de laisser passer par leurs vannes de décharge leur fait perdre en
aval ce qu'elles gagnent en amont.

Du reste le rétablissement de la chute de Sancey est encore très-possible et
fait nécessairement partie des avantages que l'on peut retirer de la dérivation,
bien que le couronnement du déversoir ait été baissé de 25 à 30 centimètres
à cause des grandes eaux. Ce moulin rétabli, se trouverait dans le cas du
moulin de Verrières, dont le déversoir a été baissé aussi de 0ᵐ 20, il y a cinquante ou soixante ans ; et sur lequel on met des hausses dans l'été, pour rétablir la chute à sa hauteur légale.

Cet abaissement des déversoirs de Verrières et de Saint-Julien est encore une
nouvelle preuve de l'augmentation progressive du volume des grandes eaux;
quelle autre cause en effet que le besoin d'en faciliter l'écoulement aurait pu
porter à changer des hauteurs de niveau qu'on conserve ordinairement avec
le plus grand soin.

Avec une dépense assez faible, ce travail acquerrait toute
l'importance qu'il est susceptible de prendre aujourd'hui,
et qui, pour parler le langage des chiffres, peut s'évaluer à
plus de trois cent mille francs de revenu annuel, pour la
seule force mécanique qui en serait le résultat, sans faire
aucun changement dans la disposition des roues motrices.
Si les autres avantages qu'on en tirerait ne sont pas susceptibles d'une estimation aussi précise, on ne saurait pourtant contester leur importance (1). On ne niera pas non
plus l'avantage qu'il y aurait à maintenir le niveau de l'eau

(1) Un calcul fort simple rendra très-sensibles les avantages de la restauration proposée.

À mesure que la force hydraulique diminue on reconnaît la nécessité d'y
suppléer par une autre puissance ; et celle de la vapeur, la seule qui puisse être
comparée à celle de l'eau pour l'économie et la facilité de son emploi, vient
partout remplacer l'autre lorsqu'elle condamne les usines à l'inaction. En
émettant l'opinion que les 121 chevaux-hydrauliques que les usines perdent
par le régime actuel, seront bientôt remplacés par 121 chevaux-vapeur, nous
ne nous fondons pas sur des hypothèses, tout le monde le sait. La dépense
qu'occasionnera par conséquent l'usage de ces 121 chevaux-vapeur pendant
quatre mois de l'année, sera le bénéfice que feront les usines et le pays en re-
courant au moyen qui permettrait de se passer de ce secours.

Une machine à vapeur sans condensation, système en faveur dans le pays,
ne saurait dépenser, par heure et par force de cheval, moins de 6 kilogram.
du charbon que l'on vend à Troyes 3 fr. 75 cent. les cent kilogrammes. Les
121 chevaux consommeraient par conséquent 726 kilogrammes par heure, ou
pour 27 fr. 225; et en vingt-quatre heures la somme de la dépense serait de
653 f. 40 cent. Cent jours de travail coûteraient donc 65,340 francs.

On nous reprochera peut-être d'enfler ce chiffre en comptant vingt-quatre
heures de travail par jour à chaque usine, tandis qu'il en est qui ne travaillent
que quinze heures. Ce reproche serait peu fondé, attendu que si le genre d'exploitation auquel sert une usine aujourd'hui, ou des motifs de pure convenance,
ne permettent pas le travail de nuit, demain ces motifs peuvent disparaître.
Nous nous conformons du reste aux habitudes les plus générales.

Si nous tenions d'ailleurs à faire ressortir tous les avantages de la restauration proposée, nous calculerions encore les frais d'entretien des machines et

dans les canaux, à une hauteur à peu près uniforme ; celui de rendre enfin justice aux propriétaires riverains, qui

les soins des chauffeurs, et même une partie des frais de premier établissement, attendu que tel propriétaire qui monterait une machine à vapeur, si son
usine devait chômer pendant le tiers de l'année, n'en achèterait peut-être pas
si ce chômage était réduit de moitié.

Enfin nous ferons observer que, dans le cas de l'exécution pure et simple des
ordonnances sur la hauteur des vannes, il faudrait suppléer, pendant quatre
mois, non pas à la moitié de la force hydraulique mais à la totalité.

Il eût été encore très-naturel de tenir compte de la plus-value de force qui
résulterait du changement des dix roues toujours existantes de l'ancien système,
ce qui eût augmenté d'un cinquième la force créée. Toutefois, nous le répé-
tons, nous n'avons pas voulu examiner cette question sous le point de vue de
l'intérêt particulier, mais prouver d'une manière péremptoire que la mesure
que nous proposons est plutôt avantageuse que nuisible aux usines. Notre conviction est néanmoins indépendante de cette circonstance, et un résultat contraire ne l'eût pas ébranlée.

Après avoir basé nos calculs sur des données toutes pratiques, l'on nous
permettra bien de démontrer quelle serait la valeur intrinsèque de la dérivation
en y appliquant des chiffres théoriques qui donnent un résultat devenu usuel
en plusieurs contrées ; la valeur enfin qu'acquerrait ce cours d'eau, s'il se trouvait par exemple en Alsace, ou dans certains comtés de l'Angleterre.

La roue hydraulique capable de fournir 0,75 de l'effet théorique lorsque la
chute est constante et que la puissance varie peu, n'est plus à inventer aujour-
d'hui ; on a même le choix entre plusieurs systèmes. L'emménagement complet
de l'eau employée autrefois par la dérivation ne serait pas non plus très-ef-
frayant pour un peuple habitué à ne juger des difficultés et des dépenses que
par les résultats. Supposons donc que, comme autrefois, treize mètres cubes
d'eau entrent chaque seconde par les trois bouches de la dérivation, et que
douze mètres cubes en moyenne, passent par les coursiers des roues. Comme
il y a six chutes successives de 1^m 30 de hauteur chacune, depuis les anciens
moulins de Sancey jusqu'à celui de Fouchy inclusivement, la force théorique
serait représentée par douze mille kilogrammes descendant six fois de 1^m 30
de hauteur, ou par six fois douze mille kilogrammes tombant de 1^m 30, ou
enfin par quatre-vingt-treize mille six cents kilogrammes élevés à 1 mètre de
hauteur ; ce qui en chevaux théoriques produirait $\dfrac{93600}{75} = 1248$ chevaux de
75 kil., et en chevaux pratiques ou hydrauliques $1248 \times 0,75 = 939$ chevaux.

ne cessent de se plaindre des inondations dont ils sont victimes pendant l'hiver : eux qui supportent une partie

Il faut il est vrai retrancher un treizième de cette force, parce que l'application fait perdre environ $0^m 10$ de hauteur sur la chute. La force réelle est donc de 864 chevaux.

Il n'est pas inutile de dire ici que le cheval pratique dans les applications mécaniques, est de 50 pour cent environ plus fort que le cheval de trait, et que, par conséquent, les 864 chevaux-hydrauliques représentent en réalité 1296 chevaux de trait, attelés à la fois à des manèges. Mais la comparaison ne saurait s'arrêter encore là. Les 864 chevaux-hydrauliques travaillent pendant vingt-quatre heures chaque jour, les chevaux de trait pendant huit heures seulement ; les premiers remplacent donc en dernière analyse un nombre quatre fois et demi plus grand de chevaux de trait, ou 5888 chevaux.

Nous ne rechercherons pas ce que coûteraient annuellement l'entretien de 5888 chevaux de trait, l'obligation d'employer ces chevaux serait l'arrêt de mort de l'industrie troyenne. Mais les 864 chevaux-hydrauliques pourraient être remplacés par autant de chevaux-vapeur qui, à la condition de travailler trois cents jours pendant l'année, coûteraient en combustible suivant les chiffres employés plus haut 1,599,680 fr. En admettant que le progrès, si lent à pénétrer même où il est le plus nécessaire, fit adopter les meilleures machines à condensation, la dépense du combustible serait réduite de moitié et deviendrait 699,840 francs. A cette somme il faudrait ajouter les frais de cent chauffeurs-mécaniciens (*), payés 1,000 francs par an chacun, pour conduire ces machines, et les frais d'entretien et de réparation estimés communément à 100 francs par an et par force de cheval, ce qui ferait un total de 886,240 fr. Le bénéfice de la force produite par la dérivation de la Seine, bénéfice capable de faire la fortune d'un pays, serait l'excédant de ce chiffre sur celui des dépenses nécessitées par l'entretien de cette dérivation.

Et les frais d'une restauration complète !......

Et l'achat, le transport et le montage de 864 chevaux en machines à vapeur à condensation, qui ne coûteraient pas moins de 1,800,000 francs !...... répliquerons-nous ; somme dont l'intérêt doit s'ajouter aux 886,240 francs trouvés plus haut, pour avoir la dépense annuelle exacte.

Du reste, comme il ne s'agit pas ici d'une restauration complète, mais seulement de rendre la dérivation capable de fournir pendant quatre mois de

(*) On suppose aux machines une force moyenne de 15 à 20 chevaux, et deux chauffeurs par machine ; un de jour et un de nuit,

des charges, n'ont-ils donc droit à aucun dédommage-
ment? Enfin celui de réduire les frais d'entretien des rives,
lorsque les causes de dégradation seront diminuées dans
un rapport énorme.

Si l'on ne savait que les abus qui se sont glissés dans l'u-
sage des eaux de la Seine, sont l'œuvre de plusieurs siècles,
on serait étonné que l'indifférence des véritables intérêts
de la localité eût pu être poussée aussi loin. Mais ici personne peut-être n'a commis une erreur appréciable, seulement toutes les erreurs se sont ajoutées, et ont constitué
la décadence, comme des améliorations successives et im-
perceptibles auraient, au bout du même laps de temps,
achevé un progrès remarquable.

Nous avons exprimé l'opinion que le travail par éclusées, utile seulement à quelques usines, était nuisible au
plus grand nombre. L'on conçoit, en effet, que lorsque le
biez d'un moulin est très-étendu, on puisse y accumuler
un grand volume d'eau que l'on dépense ensuite en quelques heures de travail. L'exploitant placé en tête de la dérivation choisit le temps qui lui paraît le plus convenable
pour *refaire* son eau, et c'est ordinairement les heures de
repas qui sont consacrées à cet usage.

Si les usines inférieures n'ont pas un biez suffisant pour
recevoir la masse d'eau dépensée par l'usine supérieure et
l'emmagasiner à leur tour, les propriétaires de ces usines
sont obligés de soumettre leur travail au caprice du pro-

l'année, la totalité de l'effet mécanique qu'elle peut produire, sans qu'il en résulte de gêne pour les riverains; la véritable valeur de cette restauration partielle est représentée par le tiers de 886,240 fr., ou par une rente 295,413 fr.
53 cent. Ce résultat est incontestable, et s'il paraît exagéré à ceux qu'il doit
toucher le plus, il ne sera que rigoureux aux yeux de ceux qui n'y ont pas un
intérêt immédiat.

priétaire de l'usine supérieure et même de plusieurs usines supérieures, selon la position qu'elles occupent sur la dérivation, et d'être constamment à guetter le moment où l'eau va leur arriver. Si par malheur elle arrive à l'heure où les ouvriers prennent leurs repas, une partie de la force motrice passe par la décharge du biez, en occasionnant un dommage d'autant plus grand à l'usine qui en est privée, que c'est le moment où cette force est rare.

Dans le cas particulier que nous examinons, ce tort matériel causé aux usines inférieures est d'autant plus injuste, que généralement les propriétaires de ces usines ont fait beaucoup d'efforts pour employer avec intelligence, et suivant les meilleures lois de l'hydrodynamique, la puissance motrice de la Seine ; tandis que sur les trois usines de tête, deux sont restées dans la routine des anciens systèmes.

Or, nous le demandons, est-il convenable, lorsque le progrès des arts pourrait donner à ces usines le moyen d'obtenir, avec une dépense continue d'eau, une force constante supérieure à celle qu'elles n'obtiennent que par intermittence, de sanctionner en leur faveur un abus contre la loi et le bon sens (1) ? Les roues dont elles font actuellement

(1) Nous ne croyons pouvoir mieux faire que de rapporter l'opinion de Garnier sur cette matière. Voici comment il s'exprime dans son excellent traité du régime des eaux, tome III, page 18 :

« En interdisant indistinctement au supérieur de rien faire qui aggrave la servitude du fonds inférieur, la loi a voulu qu'il ne put rendre les eaux, par quelque moyen que ce fut, provenant de son fait ou de sa faute, plus nuisibles qu'elles ne le sont naturellement; aussi ne met-elle à l'application de la prohibition qu'une condition, c'est que le fait qui en est l'objet aggrave la servitude du fonds inférieur. La généralité de ces termes contient donc la défense de changer le régime des eaux, soit en augmentant leur masse, soit même sans

usage pourraient être facilement remplacées par d'autres
roues qui fourniraient au moins deux fois plus d'effet utile,
et il n'en faudrait pas tant pour résoudre le problême d'une
marche continue dans ces usines. Leurs propriétaires seraient donc peu fondés à réclamer le bénéfice de la tolérance qui le plus ordinairement permet le travail par éclusées.

On a vu qu'en rejetant, dans l'ancien lit de la Seine,
l'excédant de l'eau nécessaire à la dérivation, on ne ferait
que rétablir les choses dans leur premier état.

Néanmoins, comme on pourrait craindre que le volume
d'eau qu'on ajouterait ainsi à celui qui passe déjà par dessus le déversoir de Saint-Julien, et par le canal des flotteurs
situé à mille mètres de distance en amont, fût de nature à
augmenter les dangers d'inondation que l'on redoute partout où un fleuve est retenu entre deux digues, nous avons
dû examiner cette question, et nous avons reconnu qu'ef-
fectivement le volume de l'eau passant sur ce déversoir
serait augmenté de 30 à 35 pour cent. Mais nous avons
reconnu aussi que cet ancien bras, qui sert aujourd'hui
pour la décharge des eaux, n'est ni aussi large ni aussi
profond qu'il devrait l'être ; de nombreuses anticipations
en rétrécissent le lit et le déplacent de façon à le rejeter
quelquefois au pied de la digue de Foicy.

Si les arbres qui sont plantés trop près du bord de la rivière sur des alluvions étaient abattus; si l'on enlevait
quelques bancs de gravier qui barrent en quelques endroits

leur faire subir cette augmentation. Il ne peut conséquemment les réunir sur
un seul point pour les faire couler avec plus d'abondance ou d'impétuosité que
précédemment, ni les arrêter momentanément pour produire le même résultat,
ni changer leur direction ou les employer à un usage qui les rende malsaines
et corrompues, ou les salisse. »

la moitié du lit; si l'on consolidait les parties faibles de la
digue pour qu'elles puissent résister, pendant les premiers
temps, à l'impétuosité du courant, celui-ci aurait bientôt
creusé dans les rives l'ancien lit de la rivière. On parvien-
drait à la maintenir dans ce lit, en empêchant à l'avenir
de planter des arbres plus près des bords que ne le permettent l'arrêté du gouvernement directorial du 2 janvier
1797, et l'arrêté de M. le Préfet de l'Aube, du 27 septembre 1817, et en faisant chaque année quelques draguages
ayant pour objet de maintenir constamment le fond de la
rivière à la même hauteur, et de prévenir les exhausse-
ments successifs qui pourraient en changer le régime.
Nous ne nous dissimulons pas qu'il n'y ait de grandes difficultés à vaincre pour y parvenir, mais le rétablissement
du régime ancien de la dérivation est à ce prix.

En faisant une appréciation purement morale de certains faits du domaine de l'histoire, nous avons reconnu
que les bondes peuvent, en général, être placées sur la
même ligne que les usines pour l'ancienneté, et que pour
l'utilité elles ne sauraient céder en rien aux chutes d'eau
motrice. S'il n'existe point de documents très-anciens qui
les concernent, on doit l'attribuer au peu d'attention, de
soin et de surveillance que méritaient ces prises d'eau lorsque la Seine alimentait grandement les usines. Nous ne
croyons donc pas que l'on puisse supprimer ces bondes,
mais seulement restreindre au nécessaire l'écoulement d'eau
auquel elles donnent lieu. Nous ne croyons pas non plus
que cet écoulement doive suivre, pour les bondes destinées
aux arrosements, la loi décroissante que la diminution du
produit de la Seine pourrait imposer par la suite à celles
destinées aux fabriques, c'est à-dire au prorata du volume

qui leur sera alloué par les réglements. En effet, l'agriculture ne se trouve pas dans les mêmes conditions de vitalité
que les usines ; elle ne saurait se déplacer, et aucun agent
ne saurait remplacer pour elle le bienfait de l'arrosement
et des irrigations. S'il est une préférence à accorder à
l'une des nombreuses industries qui trouvent dans un cours
d'eau la vie et la force, c'est assurément à l'industrie agricole que revient cette préférence, et jamais, même au
temps où la population de Troyes a été la plus nombreuse,
l'agriculture n'a mérité, par les services qu'elle rend, plus
de secours et de protection qu'aujourd'hui.

Nous ne saurions trop insister sur l'égalité des droits des
bondes et des usines, malgré l'intervention des réglements
qui ont pu favoriser celles-ci dans certaines circonstances,
parce qu'à diverses époques les propriétaires d'usines ont
revendiqué la propriété exclusive de l'eau de la Seine, et
que cette prétention n'a pas seulement été développée dans
des écrits, mais que même elle a été soutenue devant un
tribunal. Cette prétention donna au reste à M. Piot de
Courcelles, l'occasion de développer ses idées à cet égard,
dans une lettre remarquable qu'il écrivit à M. le Préfet du
département de l'Aube, le 15 novembre 1813, et dont,
nous sommes certain, on nous saura gré de donner un extrait (1). Dans cette lettre, où il justifie les dispositions de

(1) « .... A la vue de l'ordonnance du 27 septembre dernier, les pétitionnaires (*) élèvent la voix comme si leurs droits étaient compromis par cette
ordonnance, comme si elle devait les mettre dans l'impossibilité de moudre
assez de grains pour la nourriture des habitants de cette ville.

» L'insuffisance des moyens qu'ils ont fait valoir dans leur pétition vient
d'être démontrée. A l'égard de ceux qui résultent de leurs droits de propriété

(*) Quelques propriétaires d'usines qui avaient réclamé contre cette ordonnance;

l'ordonnance du 27 septembre précédent, relative aux bondes du canal du Vouldy, on verra que M. de Courcelles

auxquels ils se proposent de donner un plus ample développement, on peut aisément les pressentir et les discuter à l'avance.

» Leurs droits de propriété sont connus, et personne n'a l'intention de les contester ni d'y porter atteinte.

» Mais il est permis à l'administration de chercher à savoir jusqu'où s'étendent ces droits qui leur appartiennent comme propriétaires d'usines.

» Lorsque Thibault-le-Grand, comte de Champagne, conçut l'admirable projet de diviser la Seine en plusieurs canaux, ce ne fut certainement pas dans la vue de rapprocher de cette ville les moulins qui existaient sur l'ancien lit de la rivière : ce prince eut pour objet principal de faire fleurir à Troyes le commerce, les manufactures et les arts, de fournir aux habitants de cette ville les moyens d'exercer facilement leur industrie, et de fertiliser leur territoire. Mais il était naturel de profiter de la distribution de la Seine pour construire sur ses divers canaux des moulins qui fussent plus à portée de la ville. Si leur établissement a fait partie du projet adopté par Thibault-le-Grand, il n'a pu tenir dans sa pensée que le second rang, puisque ce prince voulait, en premier lieu, faire jouir la capitale de ses états de tous les avantages dont on vient de parler.

» Mais le nombre des moulins, dont plusieurs étaient à papier, fut certainement combiné avec l'objet principal, et proportionné aux besoins de la population de la ville, qui dans ces temps reculés et jusqu'au siècle de Louis XIV, excédait du double sa population actuelle. Par la même raison on dut déterminer aussi le nombre de roues dont chaque moulin fut composé.

» Les immenses travaux qu'il a fallu exécuter pour établir la distribution de la Seine, et les dépenses considérables que la ville faisait pour les entretenir devait naturellement servir exclusivement à ses citoyens et non pas aux pays éloignés pour lesquels ils n'ont pas été entrepris, et qui ne contribuent pas à leur entretien.

» On peut donc conclure de ces observations que dès le principe de l'établissement, et pendant plusieurs siècles de suite, les meuniers ne moulaient des grains que pour la subsistance des seuls habitants de Troyes et des communes peu éloignées ; et qu'il leur était impossible de préparer des farines pour les étrangers, puisque le nombre des moulins à grain était strictement basé sur les besoins de la population pour laquelle ils furent établis. ;

» Aujourd'hui cette population n'est pas moitié de ce qu'elle fut à Troyes

appréciait avec une grande équité, l'esprit des nombreux réglements faits par les anciens maires pendant une administration qui avait duré trois siècles.

avant le siècle de Louis XIV, et cependant le nombre des moulins est peut-être plus grand qu'il n'était alors.

» Ce qui le prouve, à l'égard seulement de deux des pétionnaires, c'est que le moulin de la Rave qui a cinq roues, n'en avait que trois avant la révolution, c'est que depuis peu d'années, on en a établi une de plus au moulin de Bruley, sans que la mairie sache si les propriétaires ont demandé et obtenu la permission d'augmenter ainsi le nombre des roues de ce moulin.

» Mais ce qu'il y a de très-certain, c'est que tous les moulins à papier qui étaient au nombre de cinq, ont été transformés en moulins à grain, à l'exception d'un seul qui existe encore.

» Il y a donc aujourd'hui sur les canaux de la ville beaucoup plus de moulins à grain, qu'il n'y en avait lorsque cette ville renfermait 60,000 habitants.

» Tous ces moulins, y compris celui de Fouchy, étant au nombre de douze, peuvent moudre au moins 800,000 boisseaux de grain par an, défalcation faite des chômages qui sont évalués à 60 jours pour chaque roue.

La population de Troyes est d'environ 29,000 âmes, y compris celle des faubourgs St-Martin et Ste-Savine. Portons-la à 36,000 à cause des militaires et des étrangers qui passent et séjournent en cette ville. Eh bien, en donnant à chaque individu douze boisseaux de grain, mesure actuelle, on trouvera qu'il en faut 432,000 pour nourrir 36,000 personnes pendant l'année.

» Si l'on défalque ces 432,000 boisseaux de 800,000 que les moulins de Troyes peuvent convertir en farine, on obtiendra un excédant de 368,000 boisseaux dont les habitants de Troyes n'ont pas besoin. Réduisons cette dernière quantité à 500,000 boisseaux, et demandons aux meuniers pour qui elle est destinée.

» En remontant ainsi à l'origine des choses, et en les comparant avec leur état actuel, on peut parvenir à connaître l'étendue des droits des pétionnaires comme ceux des propriétaires des autres moulins de la ville.

» Partant donc de là et de ce qui a été réglé et prescrit par les lois sur la police des rivières, il serait facile de répondre aux propriétaires de moulins qui réclament contre la permission donnée au sieur Teisseire d'agrandir une bonde. On pourrait leur dire :

» Vos droits, Messieurs, comme propriétaires de moulins ne subsistent qu'autant qu'ils sont déterminés, suivant les lois, par l'autorité administrative, et

Malgré tout le respect que nous professons pour les faits accomplis, nous n'avons pu nous empêcher de reconnaî-

» sanctionnés par elle. Ils sont aujourd'hui ce qu'ils étaient avant le siècle de » Louis XIV.

» Ils ne consistent pas dans le pouvoir d'augmenter à volonté le nombre des » roues de vos moulins, et d'exiger que l'eau de la Seine reste exclusivement à » votre disposition pour vous faciliter le moyen de faire le commerce de farine » avec les étrangers.

» Par la succession des temps, vous ou vos prédécesseurs avez augmenté vos » droits d'une manière abusive, en augmentant les moulins qui existent sur les » canaux de la ville, tandis que la population diminuait. Mais l'administration » a le pouvoir de les limiter, les restreindre et en baser l'étendue tant sur les » besoins des habitants, que sur la nécessité de diminuer les obstacles qui s'op- » posent au libre cours de l'eau.

» Vous ne pouvez avoir que le nombre de moulins et de roues jugé néces- » saire par l'autorité administrative, ni réclamer qu'un volume d'eau suffisant » pour moudre les grains destinés à la subsistance des habitants de Troyes et des » communes voisines, parce qu'il n'en est pas de vos moulins comme de ceux » de Nogent, Provins et autres lieux qui peuvent, sans inconvénient, moudre » pour le service des pays éloignés.

» Tant que vos moulins seront employés au service de la population pour » laquelle ils existent, vous jouirez de la plénitude de vos droits ; l'administra- » tion en protègera l'exercice, et elle veillera toujours à ce que vous ne man- » quiez pas d'eau.

» Si après avoir préparé les farines nécessaires à la subsistance des habitants, » le temps et l'eau vous permettent d'en préparer pour des pays éloignés, l'ad- » ministration ne s'y oppose pas, mais l'eau que vous employez dans ce cas ne » fait pas partie de vos droits ; l'usage que vous en faites a été et sera toujours » subordonné aux besoins des fabriques et des manufactures, aux vues de bien- » faisance, en un mot à tout ce qui tend à exciter et favoriser l'industrie du plus » grand nombre.

» Ici, Messieurs, il faut vous le répéter : ce ne fut point pour faire le com- » merce de farine de préférence à tout autre commerce que Thibault-le-Grand » fit passer les eaux de la Seine par la ville de Troyes. S'il n'eût eu que ce com- » merce pour objet, il n'aurait pas mérité les éloges de la postérité ni la recon- » naissance qu'elle lui témoigne. Mais le but de ce prince a été plus louable et » plus noble, comme on l'a fait observer plus haut ; et chacun sait que son in-

tre que les roues établies sur les canaux de l'intérieur de
la ville, sont beaucoup plus nuisibles qu'utiles, et nous

» tention a été de rendre les habitants de sa capitale, heureux en général, et non
» de fournir à qui que ce soit les moyens de nuire à leurs intérêts.

» En réfléchissant là dessus, vous conviendrez, Messieurs, si vous êtes de
» bonne foi, que les moulins existant sur les canaux de la Seine, sont, par leur
» trop grand nombre, préjudiciables aux habitants de la ville, 1° en ce qu'ils
» mettent obstacle au libre cours de l'eau, et sont la principale cause des fré-
» quentes inondations qui ont lieu dans les quartiers bas de la ville, et dans une
» partie de son territoire.

» 2° En ce qu'ils vous servent de prétexte, comme dans la circonstance pré-
» sente, pour vous opposer à l'exécution de mesures administratives qui tendent
» à faire prospérer les manufactures.

» Mais voici en quoi les moulins de Troyes sont très-nuisibles aux habitants,
» et ce qui fait juger qu'il y en a trop.

» Vous préparez (du moins les principaux d'entre vous) une immense quan-
» tité de farine, soit pour votre compte personnel, soit pour celui de quelques
» spéculateurs, et vous envoyez ces farines dans des pays plus ou moins
» éloignés.

» Par vos spéculations, vous contribuez à l'augmentation du prix des grains,
» vous profitez principalement des temps de disette pour vous enrichir aux dé-
» pens de ceux qui fournissent les moyens d'entretenir des canaux qui sont la
» source de vos fortunes (*).

» Peut-il, Messieurs, exister un état de choses plus diamétralement opposé
» aux voies bienfaisantes de l'auteur de la distribution de la Seine, et peut-on
» signaler des abus plus répréhensibles ?

» Vous les commettez ces abus et vous ne craignez pas de dire que l'admi-
» nistration en consacre un, lorsqu'elle donne à une bonde l'eau qu'elle retran-
» che à d'autres bondes, lorsqu'elle exerce un droit légitime. Depuis long-
» temps vous portez atteinte aux principes conservateurs de l'ordre public ;
» vous cherchez encore à priver la principale manufacture établie en cette ville,
» des moyens de se soutenir et d'augmenter les avantages qu'elle procure à un
» grand nombre d'habitants, qui sans elle seraient plongés dans la misère.

(*) Nous ne partageons pas en tous points les idées, souvent exaltées, de l'auteur de cette lettre.
Le laissez-faire est peut-être quelquefois un mal, mais il s'est glissé dans nos mœurs, et tant qu'il
existera, on ne pourra blâmer ceux qui mettent en pratique cette maxime, en tant qu'ils ne sortent
pas de l'exercice du droit de propriété.

11

pensons que fussent-elles suffisamment autorisées, il y aurait encore lieu de les supprimer, pour rendre à l'eau toute
la liberté d'écoulement qu'elle avait avant leur établissement. Nous croyons aussi que les constructions faites en
saillie, au-dessus de ces canaux, sont nuisibles en ce qu'elles
gênent la circulation de l'air et l'échappement des vapeurs
qui s'élèvent de la surface de l'eau ; et qu'il y a lieu de les
prohiber à l'avenir.

Les canaux de l'intérieur de la ville ayant été creusés à
une époque où, bien certainement, la population fixe n'é-
tait pas aussi compacte qu'elle l'est aujourd'hui (1), bien

» Mais lorsque vous avez pris la résolution de vous opposer a ce que le sieur
» Teisseire jouisse de la prise d'eau qui lui est accordée, y avez-vous bien réflé-
» chi ? N'avez-vous pas craint que votre téméraire entreprise ne force l'admi-
» nistration à ouvrir les yeux sur votre conduite et sur les graves inconvénien's
» qui résultent de la multitude de moulins existant sus les canaux de la ville ?
» Certes ! si vous aviez un reproche à lui faire, ce serait bien plutôt sur ce qu'elle
» n'a point encore cherché à réformer ce qu'il y a d'abusif dans ces établisse-
» ments.

» Imitez l'exemple donné par vos prédécesseurs, et vous aurez toujours plus
» d'eau qu'il ne vous en faut. Contentez-vous comme eux de travailler pour
» votre pays, et vous vous concilierez l'estime de vos concitoyens.

» Jusqu'ici l'administration s'est montrée très-indulgente à votre égard, si
» vous entendez bien vos intérêts, vous verrez qu'il y aurait de l'imprudence de
» votre part à contrarier l'exécution de mesures qui n'ont que le bien public
» pour objet.

» Renoncez donc à vos prétentions, parce qu'elles ne sont point en harmonie
» avec la destination primitive des eaux de la Seine ; renoncez-y, Messieurs, en
» considération de ce que l'autorité administrative a bien voulu tolérer jusqu'à
ce jour toutes les entreprises qui ont excédé la mesure de vos droits, etc.

(*Archives de l'hôtel-de-ville.*)

(1) Il suffit de jeter un coup-d'œil sur le plan de cette partie de la ville pour
se convaincre que les canaux n'ont pas été tracés au travers de massifs d'habitations, mais que ce sont bien les maisons qui ont été successivement alignées
sur leurs bords.

qu'au moment des foires elle fût peut-être très-peuplée
par la grande affluence d'étrangers qui y arrivaient de tous
les pays, il est concevable qu'avec les mesures sanitaires
qu'on avait prises, ces canaux ne fussent pas une cause
d'insalubrité pour le quartier des tanneries. L'air circulait
entre les habitations, la vitesse de l'eau entraînait les rési-
dus des ateliers, et le but était atteint sans inconvénient.
Serions-nous moins sensibles aux désagréments de la vie
matérielle que les contemporains de Henri I ?

S'il était impossible de disposer les huches à poisson de
manière à ne pas contrevenir aux réglements, on pourrait
y déroger en leur faveur par un article spécial, vu la grande
utilité de conserver le poisson dans ces appareils. Mais il
n'y a là tout au plus qu'une difficulté matérielle à vaincre;
il sera convenable de débarrasser le canal de la Planche-
Clément des huches qui y sont construites, en s'opposant à
leur réparation, fallût-il indemniser leur propriétaire de ce
sacrifice. Cette mesure a toujours été dans l'intention de
l'administration, notamment depuis 1777. Il serait du
reste très-facile aujourd'hui de les placer dans un endroit
où elles ne gêneraient pas le mouvement de l'eau et où elles
ne seraient pas en opposition avec les réglements.

Nos recherches sur la dérivation de la Planche-Quénat
n'ont pas été fructueuses, et nous nous sommes trouvé
contraint d'accepter les faits pour loi. Comme cette dérivation est tout à fait distincte de celle de Troyes, que son
importance est beaucoup moindre, et les intérêts auxquels
elle donne satisfaction, en petit nombre ; nous ne regret-
tons pas infiniment de ne pouvoir établir son origine que
sur des probabilités qui nous ont paru satisfaisantes.

Ce travail est sans nul doute une entreprise de premier

11*

ordre par son étendue, et prouve dans son auteur une
grande portée de vue et un esprit entreprenant, si, comme
nous le soupçonnons, il a été fait pour arroser le fonds de
la vallée de la Seine sur trois lieues de longueur.

Il y a aujourd'hui, échelonnés sur ce cours d'eau, quatre
moulins qui se transmettent successivement la force motrice dont le volume diminue chemin faisant, pendant l'été,
de toute la quantité d'eau absorbée par les prairies. Cette
cause, jointe aux embellissements de la terre de Villacerf,
connue autrefois sous le nom de Saint-Sépulchre, aura
sans doute motivé l'établissement d'une seconde prise
d'eau pour alimenter la dérivation. De cette façon, il y a
maintenant dans la division de la Planche-Quénat trois
parties prenantes, dont nous avons déduit les droits de la
division naturelle donnée par la forme du terrain.

CONCLUSIONS.

La grande question que nous avons été chargé d'étudier,
a maintenant été examinée dans son ensemble et dans ses
détails. Nous avons essayé de faire ressortir l'habileté des
combinaisons au moyen desquelles les souverains de la
Champagne étaient parvenus à faire de Troyes une ville
très-florissante (1), et nous avons rendu sensibles, par des

(1) On comprendra que nous n'entendons aucunement exclure les autres
causes efficientes de la prospérité de cette ville, telle que sa situation qui en faisait un entrepôt de l'Allemagne ; l'intelligence de ses habitants, et surtout un
gouvernement qui se faisait remarquer par sa tolérance et ses idées progressives.

comparaisons numériques, les avantages matériels que cette ville a retirés et retire encore des admirables travaux qu'ils ont laissés. Si l'on a bien compris la faible esquisse qui a été tracée des usages et des coutumes, en ce qui concerne l'emploi de l'eau de la dérivation de la Seine, on a dû reconnaître que l'utilité publique était la seule loi invoquée, et que la possession, qui est maintenant une des bases du droit, était alors inefficace. Un tel état de choses ne peut plus exister aujourd'hui. Le droit de propriété est un des plus sacrés qui soient écrits dans notre code, et il serait aussi injuste qu'impolitique de vouloir s'en écarter pour suivre, en tout point, les anciens errements des usages locaux. C'est dans le but de bien établir ce droit de propriété, que nous avons recherché les motifs des préférences temporaires qu'accordaient les anciennes coutumes sur l'usage de l'eau, et nous avons découvert qu'il n'en existait qu'un seul, celui de pourvoir à un besoin public de premier ordre, la mouture du grain, à une époque où il était impossible de songer à employer un nouveau moyen mécanique pour obtenir ce résultat, et encore moins de faire venir de la farine des contrées éloignées. Il n'est pas douteux que les mêmes administrateurs qui interprêtaient aussi habilement, il y a deux cents ans, la pensée des fondateurs, modifieraient aujourd'hui leurs idées à cet égard, en reconnaissant combien l'industrie a accru la richesse des peuples, et multiplié leurs ressources.

Que se passe-t-il cependant ? La tradition et le bon sens qui indiquent qu'on ne fonde pas un établissement important sans s'être assuré des moyens de le maintenir, ont fait croire à chaque classe d'industrie, presque à chaque propriétaire, que les canaux ont été creusés dans un intérêt plus restreint que ne le comporte l'usage établi; que ces intérêts se sont multipliés par la négligence des administrateurs, et que des usagers, qui se prétendent aujourd'hui fondés en droit, n'étaient que tolérés il y a à peine un siècle. De là une espèce d'ostracisme que chacun prononce contre ses co-usagers, tant il paraît naturel de juger du passé d'après le présent.

Peut-être jusqu'ici ne s'est-on pas assez arrêté à l'examen de l'idée si simple que les besoins n'ont pas augmenté, mais que bien au contraire les ressources destinées à y faire face ont pu diminuer, et que le produit de la rivière est réellement beaucoup moindre aujourd'hui, pendant l'étiage, qu'il y a six cents ans; et cependant la preuve de cette vérité, une fois faite, rien ne nous semble plus facile que de mettre tout le monde d'accord.

Y a-t-il un droit de priorité incontestable ? Dans ce cas, il doit être prélevé un produit brut sur les eaux de la Seine pour lui donner satisfaction. Les droits, au contraire, sont-ils égaux ? Faites alors entre les intéressés un partage au prorata du volume auquel un usage très-ancien donne droit, et chacun supportera sa part des pertes dues à des causes naturelles. Chacun aussi sera intéressé dans le même rapport à combattre ces causes qui minent sourdement sa fortune, et devra en conséquence tendre à les écarter.

Quelqu'un qui y serait resté étranger jusqu'à présent, pourrait-il aujourd'hui prétendre à une part dans la jouissance de ce cours d'eau, sous prétexte qu'on doit le considérer comme appartenant au domaine public ?

Nous répondrions, non, sans hésitation, si nous pensions qu'il fût impossible de se garder des envahissements d'un nouvel occupant; mais nous croyons au contraire très-possible de maintenir le respect dû aux réglements, et nous pensons qu'en tout temps de nouvelles concessions, à titre précaire, pourraient être accordées pour jouir de l'excédant de l'eau qui, à certaines époques de l'année, n'est pas utilisée par les exploitants actuels. Mais jamais le droit de partager, au prorata, avec les anciens possesseurs, ne saurait découler de cette tolérance, ceux-ci ont seuls acquis la possession selon le droit civil (1) et selon le droit naturel, et ne pourraient être, par conséquent, frustrés des

(1) L'article 41, titre 27 de l'ordonnance de 1669 sur les eaux et forêts dit : « Déclarons la propriété de tous les fleuves et rivières portant bateaux de leurs fonds, sans artifices et ouvrages de mains dans notre royaume et terres de notre obéissance, faire partie du domaine de notre couronne, nonobstant tous titres et possessions contraires, sauf les droits de pêche, moulins, bacs et autres usages que les particuliers peuvent y avoir par titres et possessions valables auxquels ils sont maintenus. »

L'art. 44 dit encore : « Défendons à toute personne de détourner l'eau des rivières navigables et flottables, ou d'en affaiblir et altérer le cours par tranchées, fossés et canaux, à peine contre les contrevenants d'être punis comme usurpateurs, et les choses réparées à leurs dépens. »

Il est incontestable que le canal des Trévois avait servi dans toute sa longueur à la navigation entre Troyes et Bar-sur-Seine avant 1669 ; il se trouvait donc tout naturellement classé dans la catégorie des cours d'eau désignés par l'article 41, sauf les droits de la Cité, qui avait du reste intérêt à profiter du bénéfice de l'art. 44.

Comme l'effet rétroactif de l'ordonnance de 1669 ne pouvait remonter au-delà de la publication de l'édit de 1566 sur l'inaliénabilité du domaine de l'Etat, et que par l'édit de 1683, tous les biens placés dans cette catégorie, détenus par gens ne pouvant justifier ni propriété ni possession antérieure à l'année 1566 furent réunis au domaine ; il est hors de doute que toutes les prises d'eau placées sur ce canal étaient alors considérées comme acquises à leurs possesseurs par la prescription. C'est ce que nous avons déjà démontré par d'autres moyens.

Bien que les canaux latéraux au canal des Trévois ne paraissent pas avoir servi au même usage, on sait qu'étant une dépendance du même cours d'eau, ils doivent être soumis à la même jurisprudence.

avantages qu'ils en retirent que pour motifs d'utilité publique, et avec indemnité préalable.

Il serait cependant déplorable de voir l'indifférence publique s'attacher à la destinée de l'œuvre des comtes de Champagne, parce qu'on en verrait la jouissance dévolue à quelques centaines de personnes seulement. Ce n'en est pas moins la source de prospérité la plus féconde pour le pays, et nous aurions tout à fait manqué notre but, si nous ne parvenions pas à faire partager notre opinion à ses habitants.

Nous pensons donc que toute la ville est intéressée à la conservation et à la restauration des canaux, et qu'un des plus grands malheurs qui puissent peser sur elle, serait l'anéantissement, dans un temps plus ou moins éloigné, de tout ou de partie de ce système, ce qui, nous le savons, ne serait que progressif, mais arriverait immanquablement le jour où les charges individuelles engloutiraient les bénéfices.

Une détermination bien arrêtée de s'opposer au progrès du mal, amènerait bientôt le désir de faire le bien ; les petits succès seraient un encouragement pour essayer les grandes améliorations, et l'on pourrait espérer de voir un jour le rétablissement complet de ce travail, en suppléant, par des combinaisons nouvelles, au manque d'eau que les causes naturelles rendent tous les ans de plus en plus fâcheux. On aurait donc tort d'abandonner un élément de richesse aussi fidèle, dans l'espoir qu'il sera remplacé par un autre. Le progrès ne consiste pas à répudier le passé pour embrasser l'avenir, mais bien à les marier ensemble. Le progrès enfin est une addition. Bien pénétré de cette vérité que nous voudrions rendre banale à force de la répéter, nous appuierons de toutes nos forces sur la nécessité de ne pas prendre de demi-mesure, et de renvoyer plutôt la solution de quelques difficultés accessoires, jusqu'à ce qu'on ait étudié et adopté un projet général dans le but qui a été indiqué.

Ce projet devra être accompagné d'un plan général du cours d'eau de la Seine, depuis le canal des flotteurs jusqu'à la Planche-Quénat. Sur ce plan l'on indiquerait les cotes de niveau de tous les seuils graviers des usines, ramenés à leur hauteur primitive, celles des déversoirs (1) et celles de toutes les bondes ou prises d'eau avec leurs dimensions et le volume d'eau auquel elles doivent donner écoulement. Des mesures seraient proposées pour que ce volume n'excèdât pas les besoins auxquels il doit donner satisfaction, et surtout pour qu'il ne fût pas plus fort que celui qui s'écoule aujourd'hui par la même voie.

Des alignements seraient tracés sur des plans partiels pour tous les canaux, afin de déterminer leur largeur conformément aux réglements, et des bornes seraient placées

(1) Voici, d'après un nivellement général, le tableau des hauteurs actuelles des déversoirs et seuils graviers des usines, et celles qu'il conviendrait d'adopter pour les ramener à un régime uniforme. On croira peut-être qu'il est indifférent de laisser les seuils plus bas que les hauteurs portées au tableau, parce que tout ce que l'administration peut désirer, c'est que ces seuils n'empêchent pas l'écoulement de l'eau, et qu'étant descendus, il en résulte au contraire plus de facilité pour cet écoulement. Mais que les propriétaires d'usines sachent bien qu'il est très-important que l'eau se dégage facilement de leurs roues et qu'ils perdront plus de force en les noyant, qu'ils n'en gagneront par une augmentation illusoire de chute; car il n'y a généralement entre les chutes des usines que la pente nécessaire pour faire écouler l'eau avec la vitesse convenable. Le zéro de l'échelle des hauteurs est pris sur le couronnement du déversoir de la Planche-Clément : le signe + indique les hauteurs au-dessus, et le signe — la distance au-dessous de ce point.

dans leur lit ou sur leurs bords, pour en fixer la profon-

INDICATIONS.	Hauteurs actuelles.	Hauteurs rectifiées.	OBSERVATIONS.
Déversoir de S.-Julien,	$+3^m80$	$+4^m125$	Cette hauteur de 4 m. 125 est à peu près celle de l'ancien déversoir.
1re chute. Moulin de Sancey,	$+0^m00$	$+2^m825$	
2e chute. ⎰ Moulin de Pétail,	$+1^m527$	$+1^m45$	
Moulin le Roy,	$+1^m42$	$+1^m45$	
Moulin de la Moline,	$+1^m455$	$+1^m45$	
5e chute. ⎰ Moulin de Notre-Dame,	$+0^m$ 00	$+0^m075$	
Moulin de la Rave,	$+0^m09$	$+0^m075$	
Moulin de Paresse,	$+0^m02$	$+0^m075$	La hauteur du déversoir de ce moulin sera déterminée dans le projet de partage d'eau.
Déversoir de Croncels,	$+1^m555$	$+1^m555$	La hauteur des déversoirs doit rester invariable.
Déversoir de la Planche-Clément,	0, 00	0, 00	
4e chute. ⎰ Moulin de la Pielle,	-1^m22	-1^m50	
Moulin de Jaillard,	-1^m50	-1^m50	
Moulin de Meldançon,	-1^m52	-1^m615	Ces deux seuils peuvent, sans inconvénient, être descendus à 0 m.15 en contre-haut des déversoirs du Pouce et de Saint-Quentin.
Moulin de la Tour,	-1^m76	-1^m85	
Déversoir du Pouce,	-1^m765	-1^m765	
Déversoir de S.-Quentin	-2^m001	-2^m001	
5e chute. ⎰ Moulin de Brusley,	-5^m515	-5^m065	Ces usines, qui n'ont aucun motif aujourd'hui pour exhausser leurs seuils, auraient probablement leurs roues toujours noyées si le moulin de Fouchy était reconstruit.
Moulin de St. Quentin,	-5^m49	-5^m501	
Bonde Gendret,	-2^m401	-2^m401	
6e chute. Moulin de Fouchy,	» »	» »	

deur, ainsi qu'on l'a déjà fait en 1771 et en 1788 pour les canaux de la Tour et des Trévois, et en 1780 pour celui de la Planche-Clément.

Un vannage serait rétabli en amont de la Grande-Pointe. Il devrait présenter une ouverture suffisante pour laisser entrer dans la dérivation 12 à 15 mètres cubes d'eau par seconde, la retenue d'aval étant de 1^m 30 de hauteur mesurée sur le seuil des usines situées au-dessous, et la retenue d'amont étant maintenue au-dessous du couronnement du déversoir.

Il serait dressé un projet de partage d'eau entre les usines ou grandes bondes en communauté d'eau sur un même biez, au prorata des droits qu'elles tiennent de la possession :

1° Pour les moulins de Pétail, le Roy et la Moline, par portions égales (voy. page 52) ;

2° Pour les moulins de Paresse et de la Tour, dans le rapport d'un quart pour le premier et trois quarts pour le second, déduction faite de l'eau absorbée par les bondes (pages 61 et 75) ;

3° Pour les moulins de la Pielle, de Jaillard et de Meldançon, dans le rapport d'un sixième pour le premier, trois sixièmes pour le second et deux sixièmes pour le dernier (page 82) ;

4° Pour les quatre moulins de Brusley et la vanne du Pouce, dans le rapport de 388200 pour les quatre moulins de Brusley, et 11563 pour la vanne du pouce, ou à très-peu près de 97 à 3 , les moulins de Brusley partageant par parties égales (page 82 et 86) ;

5° Pour le moulin de Saint-Quentin et la bonde Gendret, dans le rapport de 3882 à 141, ou de 965 à 35 (page 104);

6° Pour les moulins de Barberey, Sainte-Maure et le

canal intermédiaire, dans le rapport des nombres 528, 242 et 228 (page 136).

Le travail par éclusée serait interdit dans la dérivation de Troyes : 1° dans l'intérêt de toutes les usines échelonnées sur les canaux au-dessous des usines de tête ; 2° dans un but d'intérêt général, parce que le travail par éclusée n'est pas le meilleur moyen de tirer parti de la force motrice de l'eau, tant qu'elle peut être utilisée d'une manière continue ; ce qu'un simple changement de roues permettrait de faire aux usines de tête sans diminuer leur charge. Il appartient d'ailleurs à l'administration de régler l'usage d'un cours d'eau de manière à ne pas nuire à l'exercice des droits acquis.

Les dimensions des bondes destinées à fournir de l'eau pour l'agriculture, seraient fixées d'après la superficie du terrain qu'elles devront arroser, en tenant compte de l'écoulement tant de nuit que de jour. Les bondes servant à l'industrie manufacturière, et dont les dimensions ont été augmentées, à diverses époques postérieures à leur création, seraient déterminées suivant la même base ; mais il serait accordé aux propriétaires, s'il y avait lieu, une prise d'eau supplémentaire, placée un peu au-dessous du couronnement des déversoirs régulateurs du niveau de l'eau dans les biez où se trouveront ces bondes.

Le régime des canaux de l'intérieur de la ville serait définitivement réglé d'après les ordonnances qui seraient rappelées et auxquelles on apporterait les modifications qui seraient motivées par les besoins de la navigation du canal de la Haute-Seine. La surveillance la plus rigoureuse devrait être exercée sur cette partie de la dérivation de la Seine, pour empêcher à l'avenir les contraventions qui pourraient nuire à sa conservation.

La bonde Gendret serait considérée comme prise d'eau d'usine, parce qu'elle a été établie pour faire marcher un moulin, et qu'aujourd'hui encore elle fait tourner celui de la Chapelle-St-Luc. Toutefois il serait déterminé un minimum du volume d'eau auquel elle aurait droit, pour servir aux arrosements des terrains, et ce minimum lui serait toujours accordé.

Il serait dressé un tableau des travaux d'entretien qui sont à la charge des usines, ou de la ville, par suite de transactions ou d'usages locaux, et le reste de ces travaux serait classé en deux catégories. La première comprendrait ceux qui ont simplement pour but de garantir les terrains des inondations ; la seconde, ceux dont l'objet est de fournir de l'eau aux industries. Les propriétés riveraines qui ne rentrent ni dans l'une ni dans l'autre de ces deux classes, et qui ont cependant la charge de l'entretien des bords, pourraient être considérées comme ayant bénéfice de bondes, vu le droit qu'ont les détenteurs de puiser de l'eau dans les canaux, et comme telles frappées de la contribution qui serait déterminée pour les terrains arrosés par des bondes.

Il serait fourni aux frais des premiers par une contribution frappée sur les propriétés en raison de leur valeur, et à ceux des seconds par une contribution réglée au prorata du volume de l'eau employée pendant l'année par chaque intéressé, et de l'utilité qu'il en retire. Les frais de curage seraient répartis de la même manière entre les propriétaires intéressés au bon état des canaux qui y sont soumis. Les travaux seraient alors exécutés par entreprise sous la surveillance immédiate de l'administration, ce qui garantirait une exécution plus prompte et plus soignée.

Cette répartition, qui a été proposée par M. le Préfet de

l'Aube, le 20 avril 1839, dans une lettre circulaire (1) est la seule, à notre avis, qui puisse rendre efficace les efforts de l'administration pour conserver en bon état les ouvrages de la dérivation. Aujourd'hui elle est quelquefois obligée d'entreprendre d'urgence des travaux de réparation que

(1) «Monsieur le maire, je crois devoir vous entretenir d'une question importante et qui intéresse spécialement votre commerce, sous le double rapport de la salubrité et de l'industrie agricole et manufacturière.

» Je veux parler du régime des eaux de la Seine et de la nécessité de pourvoir d'ici à un bref délai au déblaiement de son lit principal et de ses bras de décharge, tant en amont qu'en aval de la ville de Troyes.

» Trop souvent des plaintes s'élèvent sur la hauteur des eaux pendant l'hiver, trop souvent les prairies submergées, les communications interceptées, les digues rompues répandant l'inquiétude dans nos campagnes, pour que l'administration reste inactive en présence de pareils dangers. Son devoir est de les prévenir, mais son action serait impuissante si les autorités locales, si les intéressés, à quelque titre que ce soit, ne venaient lui prêter leur appui.

» J'espère que ce concours efficace ne me manquera pas, et je viens réclamer d'abord celui des conseils municipaux qui sont appelés, en quelque sorte, à poser les bases du travail, en faisant connaître, par une déclaration explicite, le véritable état de la question.

» Vous savez, monsieur le Maire, que le curage des rivières se fait d'après les anciens réglements ou les usages locaux, ou bien, à défaut des uns et des autres, au moyen d'un réglement d'administration publique.

» Ma circulaire du 14 janvier 1839, insérée au n° 1 du Recueil des actes administratifs de cette année, contient à ce sujet des développements que je vous engage à consulter de nouveau.

» Dans la plupart des communes intéressées au déblaiement de la Seine (et probablement la vôtre est de ce nombre), il existe un usage local qui met à la charge des *riverains* le curage du lit, l'entretien des digues, etc., etc.

» Cet usage est-il bien établi et reconnu ?

» N'a-t-il jamais donné lieu à des contestations ?

» Son application éprouve-t-elle des difficultés sérieuses ?

» Cet usage, tel qu'il est, pourvoit-il suffisamment à tous les besoins ?

» Peut-on dire qu'il répartit les charges d'une manière équitable entre tous *les intéressés ?*

» Ne serait-il pas rationnel d'y substituer un réglement d'administration publique, qui déterminerait d'une manière positive les propriétés intéressées au

les propriétaires ont négligé de faire en temps convenable, ce qui les rend plus coûteux et ne permet pas de les exécuter toujours avec tout le soin désirable. Le mode proposé que l'on peut substituer à l'usage local, au moyen d'un réglement d'administration publique, aurait encore l'avantage de répartir, d'une manière plus équitable, une charge qui pèse aujourd'hui entièrement sur le plus petit nombre des intéressés. Le réglement auquel vient d'être soumis la Hurande, petite rivière qui se jette dans la Seine au-dessous de Verrières, prouve que celui que nous esquissons ici pour la dérivation de la Seine, ne présente pas des difficultés insurmontables. Le curage de la Hurande doit se faire cette année, à l'entreprise, contrairement à l'usage local, et la répartition des frais qu'exige ce travail a été faite par une commission syndicale au prorata de l'utilité que les intéressés retirent des eaux. Quelques propriétaires ont ainsi été dégrevés d'une partie de la contribution à laquelle les soumettait la loi; d'autres au contraire ont vu augmenter un peu leur charge. Mais tous ont été satisfaits en reconnaissant que la marche adoptée leur promettait un entretien complet de leur rivière, chose qui ne s'était ja-

bon état de la rivière, la quantité que chacun paierait dans la dépense à faire à raison de sa valeur intrinsèque et de sa position par rapport au cours d'eau, enfin la part contributive des usines, etc. ?

» Les travaux de déblaiement et d'entretien des digues ne s'exécuteraient-ils pas mieux par voie d'entreprise et sur un devis rédigé par un homme de l'art que par les soins des intéressés ?

» J'ai besoin, monsieur le Maire, que le conseil municipal de votre commune pèse avec attention l'objet de ces différentes questions, et qu'il y réponde par une délibération spéciale.

» Je vous prie de provoquer cette délibération dans les premiers jours de la session de mai, et de me transmettre une copie avec vos propres observations si vous le jugez utile. »

(*Archives de l'hôtel de ville.*)

mais vue sous l'empire des anciens usages. Nous cédons au
désir de nommer les communes qui ont pris l'initiative dans
une question aussi importante d'intérêt local. Ce sont
celles de Saint-Pouange, Villemereuil, Moussey, St.-Léger
et Bréviande.

L'ancien lit de la rivière de Seine devait également être
entretenu en bon état, depuis Saint-Julien jusqu'au-dessous de la ville, afin d'écouler par cette voie toute l'eau
provenant des crues, et d'affranchir à l'avenir les canaux
de la dérivation de ce service de décharge. On devrait
conserver la profondeur de son lit avec le plus grand soin,
en enlevant chaque année les bancs de grèves qui pourraient s'y être formés, rien n'étant plus contraire que ces
dépôts à la conservation du régime de la rivière. Des alignements détermineraient aussi la largeur que l'on devrait
conserver à cette rivière, et il serait expressément défendu
d'empiéter sur ses bords, sous quelque prétexte que
ce fût, les attérissements devant être enlevés avant qu'ils
n'aient acquis le caractère d'alluvions.

Tel est le résultat des recherches que nous avons cru
devoir faire avec tout le soin et l'attention que méritait un
travail d'un si grand intérêt pour la ville de Troyes, et
dont la publication a été encouragée par l'administration
municipale et la chambre de commerce de cette ville,
ainsi que par l'Ingénieur en chef directeur des ponts-et-
chaussées du département de l'Aube.

FIN.

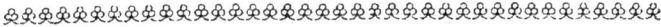

TABLE DES MATIÈRES.

FIN DE LA TABLE.

TROYES, IMPRIMERIE D'ANNER-ANDRÉ.

www.ingramcontent.com/pod-product-compliance
Lightning Source LLC
Chambersburg PA
CBHW072050080426
42733CB00010B/2069